TEAMLYX

Write

Das Buch für angehende Autor:innen

TEAMLYX

Write

[DAS BUCH FÜR ANGEHENDE AUTOR:INNEN]

Text von Ulrike Gerstner

LYX

LYX in der Bastei Lübbe AG
Dieser Titel ist auch als E-Book erschienen.

NACHHALTIG PRODUZIERT

Die Bastei Lübbe AG verfolgt eine nachhaltige Buchproduktion. Wir verwenden Papiere aus nachhaltiger Forstwirtschaft und verzichten darauf, Bücher einzeln in Folie zu verpacken. Wir stellen unsere Bücher in Deutschland und Europa (EU) her und arbeiten mit den Druckereien kontinuierlich an einer positiven Ökobilanz.

MIX
Papier | Fördert gute Waldnutzung
FSC® C002795
FSC www.fsc.org

Originalausgabe:

Textredaktion: Birgit Sarrafian
Illustrationen: fuxbux, Berlin
Umschlaggestaltung: © Jeannine Schmelzer, Bastei Lübbe AG
unter Verwendung von Motiven von Shutterstock
(© Kindlena; © Lelene; © rangsan paidaen)
Layout und Satz: fuxbux, Berlin
Gesetzt aus der Dolly und der Brandon
Druck und Verarbeitung: Livonia Print, Riga
Printed in Latvia
ISBN 978-3-7363-1771-0

5 7 6 4

Sie finden uns im Internet unter lyx-verlag.de
Bitte beachten Sie auch: luebbe.de und lesejury.de

Inhalt

1

Ein Buch für dich von #TEAMLYX

Wie sieht eigentlich der Schreiballtag meiner Lieblingsautor:innen aus? Was genau sind die Aufgaben von Lektor:innen? Welche Schritte gibt es von der Erstellung eines Manuskripts, bis wir endlich das fertige Buch in den Händen halten? Und wie kann ich selbst Autor:in werden?

Wenn du dir eine oder mehrere dieser Fragen schon einmal gestellt hast, bist du hier genau richtig! Uns von #TEAMLYX erreichen sehr oft Anfragen dieser Art; zum Beispiel auf Messen oder anderen Veranstaltungen und natürlich auf Social Media – deshalb wollen wir mit diesem Buch deine Neugierde stillen.

Denn wir kennen die Begeisterung, die zauberhafte Bücher in deinen Alltag bringen. Immerhin gehören wir auch zu den buchverrückten Buchliebhabern mit Buchsammelleidenschaft (und ja, man kann das Wort »Buch« nicht oft genug benutzen!). Aber vielleicht liebst du es nicht nur, beim Lesen in fremde Welten abzutauchen, sondern hast schon immer davon geträumt, deine eigenen Welten entstehen zu lassen? Findest du es faszinierend, wie viel man mit Worten kreieren, was man mit ihnen bewirken kann? Du brauchst nur Buchstaben aneinanderzureihen, daraus Wörter, Sätze, Absätze zu formen – und plötzlich bist du in Woodshill oder mitten in New York, spazierst über die Champs-Élysées mit Violette, gehst mit Roxy und Shaw auf Seelenjagd oder feierst auf einem Konzert von Stage Dive oder, oder, oder … Deiner Fantasie sind keine Grenzen gesetzt. Worte können ganze Welten erschaffen, all unsere Gefühle zum Ausdruck bringen und unsere Augen öffnen.

Deshalb möchten wir von #TEAMLYX dir mit unserem Herzensprojekt *Write* dabei helfen, dich deinem Traum vom eigenen Buch einen Schritt näherzubringen. Wir wollen dich dabei unterstützen, deiner Kreativität freien Lauf zu lassen, und dir mit Rat und Tat zur Seite stehen, wenn du deinen Roman oder dein Sachbuch oder worauf auch immer du Lust hast, schreibst. Zudem möchten wir dir ein paar Einblicke in die Welt jenseits der Bücher gewähren. Was passiert eigentlich hinter den Kulissen eines Verlags? Und worauf musst du achten, wenn du darüber nachdenkst, dein Buch bei einer Agentur oder einem Verlag einzureichen? Wir haben dafür nicht nur unsere Kolleg:innen aus den verschiedenen Abteilungen mobilisiert, damit sie dir Einsicht in ihre Arbeit gewähren, sondern auch zwei Agentinnen der Literaturagentur Thomas Schlück, die sich mit ihrer Expertise zu Wort melden und über ihren Arbeitsalltag berichten. Selbstverständlich sind auch die LYX-Autor:innen zur Stelle, um dich an ihren Erfahrungen teilhaben zu lassen und dir wertvolle Tipps zum Schreiben und Autor:innendasein zu geben. Wir versuchen in diesem Buch unser Bestes, all die Fragen, die dir über das Schreiben auf der Seele brennen, zu beantworten. Es ist ein Buch vom ganzen #TEAMLYX für dich!

Jetzt wartet deine Idee eigentlich nur noch darauf, niedergeschrieben zu werden – und wir möchten dich dabei unterstützen, einen Anfang zu finden. Wir wollen dir helfen, die Angst vorm weißen Blatt zu überwinden. Dabei nehmen wir und unsere Autor:innen dich gern an die Hand, damit du dich nicht allein fühlst, wenn mal eine Schreibblockade auftritt oder du überfordert bist, wenn etwas nicht so funktioniert, wie du es dir vorgestellt hast. Wir stehen dir zur Seite, und du kannst hier jederzeit nachschlagen, wenn du Ratschläge, Tipps oder Hilfe brauchst.

Und dabei ist uns eins ganz wichtig: Dieses Buch zielt nicht darauf ab, dir eine Anleitung zu liefern, wie man einen Platz auf der Bestsellerliste erreicht. Nein, es soll dir vor allem Spaß am Schreiben vermitteln; dein Glück und deine Selbsterfüllung stehen für uns im Vordergrund. Denn eins verbindet uns alle: die große Liebe zum Buch!

2

Der Schreibprozess: Wie schreibe ich ein Buch?

ALLER ANFANG IST SCHWER

Du träumst schon seit Langem davon, dein eigenes Buch zu schreiben? In deinem Kopf geistert seit einiger Zeit eine Idee herum, die dich nicht mehr loslässt – und eigentlich möchtest du nichts lieber tun, als sie zu Papier zu bringen? Aber du traust dich nicht? Weißt nicht, wo du anfangen oder ansetzen sollst? Der ganze Vorgang, einen Roman oder ein Sachbuch zu verfassen, scheint wie ein unbezwingbarer Berg vor dir zu liegen?

Glaub uns, damit bist du nicht allein. Doch keine Sorge: Es ist noch kein:e Meister:in vom Himmel gefallen, und das Schreiben ist ein Handwerk, das du wie das Tischlern, Töpfern oder Backen erlernen kannst. Du brauchst keine speziellen Grundlagen dafür, denn wenn du ein:e begeisterte:r Leser:in bist, dann bringst du bereits die besten Voraussetzungen mit.

Und je mehr du dich mit dem Thema Schreiben beschäftigst, je mehr du lernst, je mehr du ausprobierst, desto sicherer und versierter wirst du – und irgendwann bist du ein:e Meister:in in deinem Handwerk.

Wichtig ist dabei auch, dich nicht nur mit der Theorie des Schreibens zu befassen, sondern die goldene Regel lautet: lesen, lesen und noch mehr lesen! Je mehr Lektüre du verschlungen hast, umso besser bist du in der Lage, Texte und sprachliche Feinheiten zu beurteilen, deinen Blick zu schärfen und sowohl deinen Horizont als auch deinen Wortschatz zu erweitern. Jedes Buch, jeder Zeitungsartikel, jeder Blogeintrag, ach, selbst jedes Kochrezept oder die Aufbackanleitung auf einer

Pizzaschachtel schult dein Auge. Zeigt es dir doch, was man mit Worten alles bewerkstelligen kann und welche Wirkung spezielle Formulierungen auf die Leser:innen haben.

> »Lesen, lesen, lesen.«
>
> EVIE DUNMORE

Entdecke die Geschichten – die großen und die kleinen: Sieh dir einerseits den banalen Hustensaftbeipackzettel an, und mach dich auf der anderen Seite mit den großen Klassikern vertraut. Verschaff dir einen Überblick, welche literarische (und auch sprachliche) Bandbreite existiert. Welche Geschichten wurden schon erzählt? Und auf welche Art?

Mach dich mit Goethes *Faust* und Fontanes *Effi Briest* vertraut. Stöber im *Steppenwolf*, und entdeck, was Ronja Räubertochter alles in den Wäldern erlebt. Lass dich von Stephen King nach Maine entführen (Achtung, kann gruselig werden!), schau nach, ob Rapunzel, Aschenputtel und Schneewittchen etwas gemeinsam haben. Ermittle mit Sherlock Holmes in London, und reise mit Sarah Sprinz nach Schottland. Trag den Ring mit den Hobbits gemeinsam nach Mordor. Und erleb ganz große Gefühle mit Kennedy und Jax in Brittainy C. Cherrys *Durch die kälteste Nacht*, während du mit Katniss Everdeen gegen das Kapitol kämpfst. Setz dir keine Limits, die ganze Welt der Literatur steht dir offen und wartet nur darauf, dich auf mitreißende, spannende und emotionale Abenteuer mitzunehmen.

Magst du ein bestimmtes Genre ganz besonders gern und möchtest deinen Roman darin verfassen? Wunderbar, lies dich durch das komplette Portfolio, denn es hilft dir, die Konventionen und »Rahmenbedingungen« des entsprechenden Genres zu erkennen und (automatisch) zu verinnerlichen.

Es gibt nur wenig Schöneres als Bücher: Sie reißen dich mit, sie helfen manchmal, Dinge in der »echten« Welt klarer zu sehen, sie vermitteln Wissen, Werte und Moral. Du kannst aus Geschichten mitnehmen, was immer du brauchst, und jede:r Schreibende hinterlässt mit seinen:ihren Geschichten und dem ganz eigenen Stil ein kleines Stückchen von sich selbst. Daher: Der Anfang beim Schreiben mag nicht immer einfach sein, aber das Durchhalten lohnt sich definitiv. Lass dich ein auf das Abenteuer und schreib deine Geschichte(n)!

»Bleib dran. Anfangen ist leicht, dranbleiben nicht – aber nur das führt dich zu einem fertigen Buch.«

ANABELLE STEHL

Wir wollen dir in den folgenden Kapiteln einen Überblick verschaffen, was alles im Schreibhandwerk möglich ist, und einen Werkzeugkasten mit an die Hand geben, um deinem Traum, eine eigene Geschichte auf Papier zu bringen, endlich näher zu kommen. Nichts ist erfüllender, als das Buch in den Händen zu halten, bei dessen Erschaffung du jede Menge Spaß hattest. Denn: Oftmals ist der Weg das Ziel!

Welche Schreibtipps kannst du Anfänger:innen geben?

BRITTAINY C. CHERRY: Konzentrier dich zunächst nur auf das Schreiben des Buches, mach dir erst danach Gedanken über die Überarbeitung und die Vermarktung. Alles andere wird sich später ergeben, aber das kann es nicht, solange du das Manuskript nicht beendet hast.

YVY KAZI:

1.) Viel lesen.
2.) Viel schreiben. (Angeblich verbessert sich der Schreibstil alle 80 000 Worte. Cool, oder?)
3.) Sich nicht durch Vergleiche mit anderen Schreibenden unter Druck setzen. (Finde dein eigenes Tempo und deinen eigenen Weg.)
4.) Spaß haben!

LAURA KNEIDL: Schreib, sooft und viel du kannst, und bleib an einer Idee dran, auch wenn es schwer ist. Ich habe in meinen Anfängen viel Zeit damit verbracht, zu recherchieren, wie lang ein Kapitel sein soll. Oder wie lang ein Buch überhaupt sein muss. Das ist alles nebensächlich. Wichtig ist, sein Handwerk zu üben und eine Geschichte zu Ende zu erzählen, ohne sich von glänzenden, neuen Ideen ablenken zu lassen. Denn in dem Prozess, ein Buch zu schreiben, lernt man viel darüber, was man beim nächsten Mal besser machen kann.

MOUNIA JAYAWANTH: Schreib so ehrlich und ungefiltert, als würde die Geschichte niemand außer dir lesen. Die Selbstzweifel, was andere darüber denken könnten, werden nur deine Kreativität bremsen. Notier dir noch dazu jede Idee, jeden Satz und jeden sonstigen Gedankenschnipsel, der dir im Kopf herumgeistert – du könntest es vielleicht irgendwann gebrauchen.

EMMA SCOTT: Schreib in erster Linie für dich selbst. Lies. Sehr viel. Mach Fehler. Lass dich nicht unterkriegen. Verschaff dir ein dickes Fell, aber verlier nie den Spaß am Schreiben.

KARA ATKIN: Schreib, bis deine Finger wund sind, und lies, bis dir die Augen zufallen. Ganz nach der alten Weisheit: Übung macht den Meister. Schreib einfach, ohne dir zu viele Gedanken um alles andere zu machen. Ein Buch ist Teamarbeit und egal, wie lange man daran arbeitet, perfekt wird es nie sein. Also schreib einfach und verlass dich auf das Team, das dir bei deiner Veröffentlichung zur Seite gestellt wird.

MEHWISH SOHAIL: Lesen! So viel wie möglich, querbeet. Einfach nur für dich selbst. Die Phasen, in denen mir das Lesen keinen Spaß mehr macht, sind auch die Phasen, in denen es mir schwerfällt, mich aufs Schreiben zu konzentrieren.

Aber nicht nur lesen, sondern – so klischeehaft es klingen mag – auch erleben. Das muss nicht immer weit weg sein – manchmal reicht es, Orte in der eigenen Stadt zu besichtigen, die man noch nicht gesehen hat. Eine alte Bekanntschaft anrufen, ein neues Kochrezept ausprobieren, sich auf fremdsprachige Musik einlassen und Frühstück zum Abendessen.

Denn die Phasen, in denen ich mich nicht über die kleinen Dinge im Leben freuen kann, in denen ich nicht auf mich selbst achtgebe, sind jene, in denen mir das Schreiben schwerfällt.

BIANCA IOSIVONI: Ganz viel schreiben und ganz viel lesen.

INSPIRATION

Inspiration für dein Buch kannst du sowohl in kleinen Dingen als auch in großen Momenten finden. Es kann der Sonnenstrahl sein, der einen Schmetterling wärmt, es kann das Lächeln eines Menschen sein, das Schnurren deiner Katze; es kann ein Ereignis sein, das die Welt in Atem gehalten hat, oder das Schicksal einer Person, die ein historisches Ereignis hautnah miterlebt hat.

Die Reize, um deine Inspiration anzustupsen, können ganz unterschiedlicher Natur sein:

VISUELL:

- ✓ eine Pinnwand bei Pinterest
- ✓ ein Film, eine Szene, eine Serie
- ✓ Bücher
- ✓ tolle/interessante Schauspieler:innen

AKUSTISCH:

- ✓ eine Spotify-Playlist
- ✓ Alben oder Songs, die deine Seele berühren

DURCH RECHERCHE:

- ✔ Zeitgeschichte/historische Momente
- ✔ Reisen in fremde Länder oder auch in die direkte Umgebung
- ✔ Schlagzeilen oder andere Geschichten aus der Zeitung/TV/Social Media

AUS DEM ALLTAG:

- ✔ Lass die Seele baumeln bei Waldspaziergängen.
- ✔ Besuch das Meer.
- ✔ Schnapp frische Luft und versorg dein Gehirn mit Sauerstoff und neuen Reizen.
- ✔ Lausch Gesprächen; jedes Wort kann dich in andere Welten versetzen.
- ✔ Hör zu, und sei es nur fremden Menschen im Supermarkt.
- ✔ Versuch eine Frage, die dir unter den Nägeln brennt, in Worte zu fassen.

[Übung]

Vielleicht hast du Lust, deine Inspiration ein bisschen zu triggern, indem du kreative Schreibideen nutzt, um eigene Storys zu erfinden (die müssen auch gar nicht lang sein). Wir haben hier ein paar Vorschläge für dich zusammengestellt:

- Spinn doch eine kurze Geschichte hierzu:
  - eine Schlagzeile aus der Zeitung
  - ein zufälliger Satz aus einem Buch
  - ein altes Foto aus dem Familienalbum
  - ein Songtitel

- Schreib:
  - eine Liebeserklärung an eine Person oder einen Gegenstand
  - über ein Thema deiner Wahl
  - aus der Sicht deines Haustiers
  - aus der Sicht einer Serienfigur
  - aus der Sicht deiner Topfpflanze oder eines Haushaltsgeräts

Die Inspiration ist da draußen, und vielleicht trifft sie dich unerwartet, vielleicht suchst du auch ganz bewusst nach ihr. Es hilft auf jeden Fall, wenn du mit offenen Augen, Ohren und allen anderen Sinnen durch die Welt gehst. Und vielleicht ein Notizbuch oder dein Smartphone zur Hand hast, sollte dich die Inspiration mit voller Wucht (oder womöglich nur mit einem kleinen Stupser) treffen, damit du sie umgehend festhalten kannst. Setz dich dabei aber keinesfalls unter Druck. Wenn die Muse dich an einem Tag mal nicht küsst, ist das auch völlig okay.

Vielleicht helfen dir dann ein paar der Tipps unserer Autor:innen weiter:

Wo findest du am besten Inspiration?

KARA ATKIN: Sowohl eine Playlist als auch eine Pinnwand helfen mir dabei, meine Gedanken zu ordnen und den Ton der Geschichte festzulegen. Wenn das Projekt kurz vor der Veröffentlichung steht, teile ich diese meist mit meinen Leser:innen, auch wenn sie dann etwas anders ist, um zur finalen Fassung des Buches zu passen.

MORGANE MONCOMBLE: Hauptsächlich in den Büchern, die ich lese, in der Musik, die ich höre, und in den Filmen, die ich mir ansehe. Aber auch in meinem Privatleben: All die Menschen, die ich treffe, die Länder, die ich bereise, oder die

Geschichten, die ich in den Nachrichten oder von Freunden höre, inspirieren mich sehr. Ich finde also überall Inspiration.

EMMA SCOTT: Ich finde überall Inspiration, an vielen verschiedenen Orten. Manchmal inspiriert mich ein Song oder eine Zeile in einem Buch, das ich lese, oder in einer Serie, die ich mir anschaue, oder ein Charakter aus einem meiner Bücher, der von mir verlangt, dass ich seine Geschichte erzähle. Es ist schwierig, genau zu sagen, wo die Inspiration herkommt, du musst nur offen für all die Wege sein, auf denen sie dich finden kann.

SARAH SPRINZ: Vermutlich ist das keine allzu zufriedenstellende Antwort, aber ich finde überall Inspiration. In den Medien, die ich konsumiere, meinem Studium, Gesprächen, Reisen, vor allem auch in der Langeweile, die ich bewusst in meinen Alltag einbaue, um meinem Kopf Gelegenheit zum Herumspinnen zu geben. Sobald mich die Idee gefunden hat, visualisiere ich sie mit einem Moodboard und sammle passende Musik, die ich in Dauerschleife höre, während ich alles in einem Exposé festhalte.

WIE FINDE ICH DAS PASSENDE THEMA?

Geschichten sind ein integraler Teil unserer Welt, unserer Kultur und unseres Lebens. Seit Tausenden von Jahren werden rund um den Erdball bei allen Völkern Geschichten erzählt und weitergegeben. Sie sollen Wissen vermitteln, die Welt verständlich machen, Moral und Verhaltensweisen erklären und sind obendrein das Gedächtnis der Kulturen. Geschichten halten fest, was einst geschah, und tragen diese Zeitzeugnisse – oft auch in symbolischer Form – von Generation zu Generation weiter.

Geschichten umgeben uns von Anbeginn an, wir wachsen mit ihnen auf, und sie sind tief in uns verwurzelt. Nicht von ungefähr sind die Themen, die unsere ganz ursprünglichen Emotionen ansprechen, die mitreißendsten: Liebe, Freude, Überraschung, Eifersucht, Trauer, Wut, Hass oder Angst – in all ihren großen und kleinen Facetten – drücken in uns die richtigen Knöpfe und nehmen uns mit auf eine spannende Abenteuerreise.

Was sich jedoch im Laufe der Jahrzehnte oder Jahrhunderte verändert hat, ist die Verpackung dieser Grundgefühle, die gewissermaßen dem Zeitgeist unterworfen ist. Während Geschichten einst am Lagerfeuer erzählt und nur mündlich überliefert wurden, hat die Erfindung des Buchdrucks sie auf Seiten aus Papier übertragen – und die Form der Verbreitung hat sich seitdem stetig weiterentwickelt. Bis heute, wo wir uns an ganz neuen Methoden des Storytellings erfreuen dürfen. Man denke nur an Videos auf TikTok oder die Storys auf Instagram.

Aber nicht nur das Medium hat sich mit der Zeit geändert, sondern die jeweilige Epoche übt selbstverständlich auch Einfluss auf die Geschichten an sich aus. Jede Ära weist ihre ganz eigenen ästhetischen Ansprüche auf, was sich in den Texten, den Erzählformen und den Themen widerspiegelt. So waren in der Romantik die Künstler:innen auf der Suche nach der blauen Blume, während zur Sturm-und-Drang-Zeit der tragische Held gefeiert wurde. Und genauso bestimmt der aktuelle Zeitgeist auch unsere Wahrnehmung, unsere Interessen, das, worüber wir gern lesen wollen und was unsere Fantasie anregt.

Storytelling

Obendrein hat sich im Laufe der Jahrhunderte das Storytelling entwickelt und immer wieder angepasst. Nimm zum Beispiel einen Roman aus dem 19. Jahrhundert: Du wirst bei der Lektüre feststellen, wie behäbig, wie langsam das Erzähltempo im Vergleich zu dem der modernen Stories ist. Wir sind heutzutage viel schnellere Erzählweisen gewohnt, was auf den zunehmenden Einfluss der neuen Medien zurückzuführen ist. Kino, Fernsehen, Streamingdienste mit einer Serienstaffel nach der nächsten – all das hat unseren Blickwinkel verändert. Die Handlungen werden direkter und rascher präsentiert – wir wollen Kopfkino, wollen Bilder in den Geist gezaubert bekommen. Die Schnitte – auch in den Büchern – folgen rascher aufeinander, die Handlung schreitet schneller voran. Die Sprache wird knapper und dialoglastiger, während ausufernde Schilderungen oder Berichterstattungen immer weiter in den Hintergrund gedrängt werden.

»Schreib, was du selbst lesen willst, aber nirgends finden kannst. Alles andere wird dich nicht glücklich machen.«

SARAH SPRINZ

Trends

Der Zeitgeist bestimmt aber nicht nur die Erzählweise, sondern auch die Trends. Du wirst dich vielleicht in Themen, die bei Netflix & Co., in den sozialen Medien und generell im Internet behandelt werden, wiederfinden und dich davon inspirieren lassen. So wirst du jene Problematiken, welche die Menschen in Social Media umtreiben, vielleicht aufgreifen und in deine Geschichten einarbeiten wollen. Aber im Grunde steht es dir frei, all die Themen zu bearbeiten, auf die *du* Lust hast, die dich beschäftigen. Schreib über das, was dich bewegt! Trends sind sowieso recht kurzlebig – und wenn du das Thema, das du dir ausgesucht hast, sehr gut kennst und dafür brennst, dann spüren es die Leser:innen auch.

»Wenn du Bammel davor hast,
eine Geschichte aufs Papier
zu bringen, weil sie so kontrovers ist –
dann tu es erst recht!«

MOUNIA JAYAWANTH

RECHERCHE

Um die Idee für deinen Roman oder dein Sachbuch auszuarbeiten, wirst du als Autor:in höchstwahrscheinlich nicht umhinkommen, für sowohl deine Kernthemen als auch für »Nebenthemen« Nachforschungen anzustellen. Schließlich soll dein Text – auch wenn dein Buch beispielsweise in einer Fantasy-Welt spielt – glaubhaft und nachvollziehbar sein. Recherche ist daher unerlässlich, um deinem Text eine Grundlage zu verleihen und deine Welt überzeugend darzustellen.

Hier findest du einen kurzen Einblick, wie unsere LYX-Autor:innen an das Thema Recherche herangehen.

Wie recherchierst du für deine Bücher?

AVA REED: Das kommt ganz auf die Themen an und auch die Orte, an denen die Geschichte spielt. Für die *Whitestone*-Reihe, die in einem Krankenhaus spielt, habe ich zum Beispiel einige Medizinbücher gekauft: *Notarzt-Leitfaden*, *Innere Medizin*, *Grundwissen Medizin* etc. Ich schaue mir gerne Videos an, die die Themen behandeln oder Orte zeigen, die ich in meiner Geschichte aufgreifen möchte. Außerdem suche ich mir Hilfe bei Menschen, die zu bestimmten Themen einen besseren Bezug haben, die mir helfen und mich beraten können. Die Recherche für ein Buch ist oft sehr vielfältig, und ich liebe das.

KIM NINA OCKER: Für mich steht am Anfang meistens das Setting im Vordergrund. Dadurch kann ich mich am besten in die Geschichte und die Stimmung hineinversetzen. Das bedeutet, dass ich viel, viel Zeit auf Google Maps verbringe, um mir die Wohngegenden meiner Figuren anzuschauen, Sehenswürdigkeiten herauszusuchen oder mir zum Beispiel Informationen zur Wetterlage durchzulesen.

BIANCA IOSIVONI: Google, Wikipedia und Pinterest sind meine ersten Anlaufstellen. In der Regel weiß ich genau, was ich suche, und finde es auch schnell, oder suche Leute, die mir weiterhelfen können.

EVIE DUNMORE: Ich schreibe historische Romane, und ich schätze, mindestens 25 % meiner Schreibzeit fließt in die Recherche. Ich habe unterschiedliche Methoden, je nachdem, wo ich in ein Thema einsteige. Weiß ich bereits etwas über bestimmte Ereignisse oder historische Persönlichkeiten, dann kann ich oft gleich in die Tiefe recherchieren, z. B. anhand von wissenschaftlichen Artikeln oder Primärquellen wie Zeitungsartikeln, Parlamentsprotokollen oder Briefwechseln, die ich meistens digitalisiert in Onlinearchiven oder analog in Bibliotheken finde. Wenn mir ein Thema noch nicht so vertraut ist, dann verschafft tatsächlich Wikipedia oft einen guten Überblick über die Schlüsselfiguren und Ereignisse, die ich mir genauer ansehen muss.

Pro-Tipp von Evie Dunmore: Gleich ein eigenes Archiv mit Links oder Screenshots von den Ressourcen, die man immer wieder nutzt, anlegen. Wenn möglich besuche ich auch die Orte, über die ich schreibe, oder schaue mir in Museen Kleider und Haushaltsgegenstände aus der jeweiligen Epoche an. Auch Gemälde, Fotos und Literatur aus der Zeit geben einen guten Aufschluss über die Details, die Geschichten am Ende authentisch und lebendig machen. Wenn ich das Manuskript schreibe, gebe ich die Dinge meist durch die Augen eines Charakters wieder. Das hilft mir auch dabei, »Infodumping« zu vermeiden, was mich persönlich beim Lesen aus einer Geschichte reißt.

Was brauchst du alles zum Schreiben?

Musik, etwas zu trinken (vorzugsweise Wasser oder Tee) und mein Handy auf stumm geschaltet.

KARA ATKIN

Entweder Musik oder komplette Stille.

BRITTAINY C. CHERRY

Musik, Tee oder Kaffee und Ruhe.

APRIL DAWSON

Eine Idee, einen Laptop und Ruhe.

EVIE DUNMORE

Laptop, Kopfhörer, Getränk.

BIANCA IOSIVONI

Notfalls reichen mein Handy und eine Powerbank. (Ja, man kann ganze Romane auf einem Smartphone schreiben, ist aber ergonomisch nicht wirklich zu empfehlen.)

YVY KAZI

Meinen Laptop und meine Motivation.

MOUNIA JAYAWANTH

Essen und Musik.

MORGANE MONCOMBLE

Meinen Laptop. Oder eine Notiz-App. Oder ein Notizbuch und einen Stift. Ich habe ganz oft Ideen und Eingebungen für kleine oder große Szenen, die ich irgendwie festhalten muss.

ANNE PÄTZOLD

Meinen Laptop, Musik und meinen Schreibbuddy.

ANNA SAVAS

Geräusche im Hintergrund, wie z. B. in einem Café oder Musik.

MEHWISH SOHAIL

Außer dem Offensichtlichen (meinem Laptop) eigentlich nur etwas zu trinken und mein Notizbuch!

KIM NINA OCKER

Kaffee, Musik, Abgeschiedenheit.

EMMA SCOTT

Nur meinen Laptop. Ich habe allerdings auch schon Szenen auf dem Handy geschrieben, wenn der gerade nicht griffbereit war – Hauptsache, irgendwas zum Schreiben ist in greifbarer Nähe.

ANABELLE STEHL

WAS BRAUCHE ICH ZUM SCHREIBEN?

Neben Herz, Hirn und Inspiration benötigst du eigentlich gar nicht mehr so wirklich viel. Okay, vielleicht noch einen Anbau am Bücherregal, weil ständig neue Titel dazukommen ...

Stift oder Computer?

Es liegt allein an dir, das zu entscheiden. Schreibst du gern per Hand? Dann sind dein Lieblingsstift und ein hübsches Notizbuch – griffbereit, um all deine Ideen und Gedankenblitze zu jeder Zeit niederzuschreiben – womöglich die perfekte Lösung.

Du kannst dich ebenso mit dem Handy oder Tablet bewaffnen. Die sind klein, leicht und du hast sie überall dabei, wenn dich die Inspiration überfällt, du etwas notieren oder einen Textabschnitt noch mal überarbeiten willst. Du musst hierbei weder auf Schreib- noch auf Autorensoftware verzichten; diese ist oftmals auch für die mobilen Geräte erhältlich.

Du wirst allerdings mit sehr großer Wahrscheinlichkeit nicht darum herumkommen, den gesamten Text deines Buches am Mac oder PC zu tippen, aber wenn du die Planung lieber am Schreibblock durchführst – dann *go for it*! Oder ziehst du es vor, alles geordnet digital vor dir zu sehen? Das ist genauso okay. Tu, was dir am besten gefällt, womit du gut zurechtkommst und was deinen Bedürfnissen entspricht.

MEMO:

Denk immer daran, dein Manuskript und alles, was damit zusammenhängt, zu sichern! Es gibt kaum einen größeren schriftstellerischen Albtraum, als die letzten Fortschritte nicht abgespeichert zu haben. Back-ups – so, so wichtig!

WO KANNST DU SPEICHERN?

- ✓ (externe) Festplatten
- ✓ USB-Stick
- ✓ E-Mail-Speicher
- ✓ Cloud

Hilfsmittel

Für eine:n Autor:in ist nicht nur das Arbeitsgerät wichtig, sondern auch ein paar grundlegende Utensilien, auf die du häufig zurückgreifen musst – egal, in welchem Genre du schreibst.

RECHTSCHREIBHILFEN:

Als bekanntester Vertreter gilt hier der Duden. Ob als Onlineversion oder Buch – er ist stets an deiner Seite, um dich bei Fragen zu Orthografie und Grammatik zu unterstützen. Hier kannst du nachschauen, ob »schrummfidebumm« zusammengeschrieben wird (ja!) oder wann du ein Ausrufezeichen benutzen kannst (für mehr Nachdruck!!!).

SYNONYMWÖRTERBÜCHER:

Fehlt deinen Formulierungen manchmal noch der letzte Feinschliff? Wäre dir statt »essen« ein blumiger Ausdruck lieber, den du in deinen Text einbauen möchtest? »Schlemmen« deine Figuren bei einem üppigen Bankett, »mümmelt« der Hase an einem Salatblatt, »schlingt« der Held sein Abendbrot hastig hinunter oder »genießt« deine Nebenfigur ihren exquisiten Eisbecher?

Als Autor:in wirst du tatsächlich hin und wieder an deinen sprachlichen Ausdrucksformen tüfteln müssen, um noch gezielter das Kopfkino deiner Leser:innen in Gang zu setzen. Dabei sind Synonymwörterbücher wirklich Gold wert. Auch hier gilt: Ob du Onlineversionen nutzt oder die physische Ausgabe zurate ziehst, ist dir überlassen. Allerdings ist das Internet für Synonyme in der Tat superhilfreich, weil es immer auf dem neuesten Stand ist – umfassend gepflegt und dauerhaft und überall verfügbar.

Darüber hinaus sind auch Nachschlagewerke aller Art zu empfehlen, seien es Schreibratgeber, Namensbücher, Geschichtslexika und Fremdwörterbücher – was dir natürlich auch alles digital zur Verfügung steht.

SCHREIBPLATZ

Zum Schreiben brauchst du nicht nur Gerätschaften und Nachschlagewerke, sondern auch einen Platz, der dir Ruhe gibt oder deine Inspiration anregt oder einfach nur gemütlich ist. Hier gilt wieder: Finde heraus, was für dich am besten funktioniert und sich am besten anfühlt.

Du kannst ausprobieren, ob du gut vom eigenen Schreibtisch aus tippen kannst, auf der Couch oder dem Balkon, oder ob du lieber in Cafés oder Bibliotheken gehst, um zu Hause nicht zu sehr von den heimischen Pflichten abgelenkt zu sein. In größeren Städten werden auch **Coworking-Spaces** angeboten – also geteilte Büroräumlichkeiten –, vielleicht ist das ja auch eine Option für dich. Teste einfach aus, was dich glücklich macht. Auch die Angewohnheiten und Vorlieben unserer LYX-Autor:innen sind da ganz unterschiedlich:

An welchem Ort kannst du am besten schreiben?

An meinem Schreibtisch und auf der Couch.

KARA ATKIN

In meinem Arbeitszimmer.

APRIL DAWSON

Überall, aber am liebsten im Café oder am heimischen Schreibtisch.

BIANCA IOSIVONI

Ganz klassisch am Schreibtisch.

MOUNIA JAYAWANTH

In meinem Wohnzimmer auf der Couch oder in meinem Bett.

BRITTAINY C. CHERRY

In meinem Sessel.

EVIE DUNMORE

In meinem Büro, aber wenn ich faul bin, dann setze ich mich mit meinem Laptop auf die Couch.

EMMA SCOTT

Auf dem Sofa.

YVY KAZI

In meinem Arbeitszimmer.

LAURA KNEIDL

An meinem Schreibtisch.

KIM NINA OCKER

Überall, wo ich Inspiration und/oder etwas zum Schreiben finde.

ANNE PÄTZOLD

Solange ich einen Laptop und Noise-Cancelling-Kopfhörer bei mir habe, kann ich überall schreiben! Am meisten Freude bereitet es mir aber in hübschen Cafés.

SARAH SPRINZ

In Coffeeshops (Starbucks).

MORGANE MONCOMBLE

An meinem Schreibtisch.

AVA REED

Auf dem Sofa.

ANNA SAVAS

Überall, das ist mir egal.

MEHWISH SOHAIL

Überall. Schreibtisch, Couch, Café, Flughafen – völlig egal.

ANABELLE STEHL

SCHREIBPROGRAMME

Was stellt die Hauptbeschäftigung des Autor:innendaseins dar? Richtig, das Schreiben – dein Dreh- und Angelpunkt, und die künstlerische Form, mit der du dich als Autor:in ausdrücken willst. Damit die Kreativität fließen kann und du Spaß am Schreiben hast (und dich nicht das falsche Werkzeug zur Verzweiflung bringt), brauchst du allem voran die richtige Technik.

Da die Schreibmaschine als Mittel der Wahl schon lange passé ist (wenngleich die alten Schmuckstücke optisch wirklich etwas hermachen), musst du wohl mit einem Mac oder einem PC vorliebnehmen – und darauf benötigst du das passende Schreibprogramm. Und die Welt da draußen ist voll mit Softwareangeboten, die jede:n Schriftsteller:in glücklich machen sollten.

Wer die Wahl hat, hat bekanntermaßen aber auch die Qual. Jedes dieser Programme will dir helfen, aus deiner Autor:innentätigkeit das Bestmögliche herauszuholen, will dir hilfreich und unterstützend zur Seite stehen. Manch eine Software ist kostenlos, manche weitgehend kostenfrei, und wieder andere kostenintensiv.

Wir können dir keine konkrete Empfehlung aussprechen, du solltest entsprechend deinen Bedürfnissen auf eigene Faust erkunden, was für dich passt. Was du brauchst, womit du intuitiv umgehen kannst oder womit du dich am wohlsten fühlst, kannst du meist selbst am besten beurteilen. Wir möchten dir hier allerdings eine kleine Auswahl der Programme vorstellen.

WELCHES SCHREIBPROGRAMM VERWENDEST DU?

Microsoft Word:

- Brittainy C. Cherry
- Mounia Jayawanth
- Yvy Kazi (Lektorat)
- Morgane Moncomble
- Anne Pätzold
- Anna Savas
- Emma Scott
- Sarah Sprinz

Scrivener:

- Kara Atkin
- Evie Dunmore
- Bianca Iosivoni
- Laura Kneidl
- Morgane Moncomble
- Anne Pätzold
- Anabelle Stehl

Papyrus Autor:

- April Dawson
- Yvy Kazi (zum Schreiben)
- Ava Reed

Microsoft Word – der Klassiker unter den Textverarbeitungsprogrammen. Es ist ein gutes Tool zum Schreiben und für den Anfang sicherlich ausreichend, aber natürlich bieten umfassendere Autor:innen-Softwares mehr Komfort. Bei *Word* gibt es Thesauren, Rechtschreibprüfungen und »Änderungen nachverfolgen«, was sehr hilfreich ist für extern ausgeführte Lektorate. In Verlagen wird oftmals hiermit gearbeitet.

Open Office – die kostenlose Variante von *Word*, die alle Funktionen und Programme bietet, die man im Büro und fürs Schreiben benötigt.

yWriter – ist eine kostenlose Textverarbeitungssoftware, die speziell für Schriftsteller:innen entwickelt wurde. Das Programm ermöglicht es dir, deinen Text in Kapitel aufzuteilen und diese zu organisieren, Szenen zu bearbeiten und Steckbriefe deiner Figuren anzulegen, in denen du Infos über sie sammeln kannst. Optionen für Notizen sind vorhanden, und du kannst dir auch ein Tagesziel setzen.

Scrivener – ist eine relativ komplex gestaltete Autor:innen-Software, die anfangs ausschließlich für den Mac nutzbar war. Mittlerweile gibt es sie aber auch für Windows. Die Benutzeroberfläche des Programms kannst du deinen Bedürfnissen entsprechend einrichten und nutzen. *Scrivener* ist hilfreich, um Struktur in dein Manuskript zu bringen: Längere Texte können aufgespalten werden – in Kapitel oder Szenen, um sie unabhängig voneinander zu bearbeiten. Hierbei besteht auch die Möglichkeit, diese Elemente herumzuschieben und umzustrukturieren. Darüber hinaus existiert eine Pinnwand, die man einfach mit Drag & Drop bedient und worauf man sich alles nach Belieben arrangieren kann. Mit dem Vollbildmodus ist es möglich, ablenkungsfrei zu tippen. Preislich rangiert *Scrivener* aktuell bei rund vierzig Euro.

Papyrus – ist – wenig überraschend – ebenfalls eine Autor:innen-Software, die unter anderem mithilfe von Autor Andreas

Eschbach entwickelt wurde. *Papyrus* ist nicht nur beim Schreiben eines Textes nützlich, sondern unterstützt dich auch bei der Planung und Überarbeitung deines Manuskripts. Es ist komplex und mit einer Vielfalt an Funktionen ausgestattet: Es beinhaltet ein Denkbrett, auf dem sich Ideen grafisch ausarbeiten lassen. Du kannst Figurensteckbriefe erstellen und Rechercheergebnisse extra anlegen. Außerdem hilft dir ein Organizer dabei, die Struktur deiner Szenen oder Kapitel auf einen Blick sichtbar zu machen. Ein Zeitstrahl stellt Kapitel und Szenen grafisch in ihrer zeitlichen Reihenfolge dar, um chronologische Fehler zu vermeiden. Darüber hinaus ist eine Stilanalyse eingebaut, die dir hilft, potenzielle Schwächen aufzustöbern – dabei werden beispielsweise Wortdopplungen markiert, Schachtelsätze hervorgehoben oder du wirst auf Adjektivhäufungen hingewiesen. Preislich liegt *Papyrus* im obersten Bereich; derzeit kostet die Software um die zweihundert Euro, eine kostenlose Probeversion für dreißig Tage steht zur Verfügung.

Es gibt natürlich noch jede Menge weitere Softwares, die Schriftsteller:innen beim Schreibprozess unterstützen können. So auch Websites wie **Pacemaker**, die dir dabei helfen, deinen Tagessatz an Wörtern zu tracken, deine Schreibziele zu planen, zu organisieren und individuell anzupassen. Und Programme wie **FocusWriter** (ein kostenloses Vollbildprogramm) leisten dir gute Dienste, wenn du ohne Ablenkungen schreiben willst.

Lass dich von unserer Auflistung inspirieren und probier dich aus. Die Programme sind entweder kostenlos verfügbar, oder die Hersteller bieten unentgeltliche Testversionen an. Damit stehen dir alle Möglichkeiten offen, um problemlos in mehrere dieser Softwares hineinzuschnuppern. Schau, was du brauchen kannst und was deinen Vorstellungen entspricht – das ist beim Schreiben schon fast die halbe Miete.

SCHREIBALLTAG: EINE SCHREIB-ROUTINE ENTWICKELN

Sobald du also all deine notwendigen Gerätschaften, Programme und Hilfsmittel zusammengetragen und den perfekten Platz zum Plotten und Tippen gefunden hast, ist es an der Zeit, sich in den Schreiballtag zu stürzen. Als Autor:in wirst du wahrscheinlich einige Stunden und auch eine gute Portion Zeitmanagement aufwenden müssen, um aus deiner Idee einen fertigen Roman zu machen.

Hier kann es daher sehr hilfreich sein, eine Routine zu entwickeln, mit der du dich wohlfühlst und mit der du gut zurechtkommst. Denn um einen Roman zu Ende zu schreiben, braucht es Beharrlichkeit und Durchhaltevermögen – und das funktioniert nur, wenn du dir den Schreiballtag so einteilst, dass du gern dranbleibst und deine Motivation aufrechterhalten kannst. Du musst also einfach austesten, womit du dich am wohlsten fühlst, und nach einer gewissen Zeit wirst du sicherlich eine Routine etabliert haben, die sich mühelos in dein Leben einfügt.

WELCHE STRATEGIEN KANNST DU AUSPROBIEREN, UM DIE PASSENDE ROUTINE FÜR DICH ZU FINDEN?

- ✓ **Find die beste Schreibzeit:** Schreibst du lieber morgens? Oder fällt es dir abends/nachts leichter? Dann leg dir doch einen Zeitraum fest, zu dem du dich immer hinsetzt, um zu schreiben. Definier ein Zeitfenster (auch für Partner:innen, Familie oder Freund:innen), in dem du nicht gestört werden willst, um dich ohne Ablenkungen deinem Text zu widmen.

- ✔ **To-do-Listen:** Sind immer ein gern genommenes Werkzeug, um dich zu strukturieren. Probier aus, ob solche Listen dir helfen. Außerdem: Punkte abhaken macht glücklich!
- ✔ Versuch deinen Kopf frei zu kriegen, indem du alle »lästigen Pflichten« (aka Hausarbeit, Sport, Einkaufen, Bürokram ...) direkt morgens erledigst (soweit das natürlich möglich ist). So hast du den Kopf frei fürs Schreiben.
- ✔ Hast du schon mal die **Pomodoro-Technik** ausprobiert? Die hat ein Italiener in den 1980ern erfunden, und sie soll helfen, dein Zeitmanagement in produktivere Bahnen zu lenken. Im Grunde genommen teilst du deine Arbeitszeit in *Pomodori* ein, die sich mit Pausen abwechseln. Ein Pomodoro-Block umfasst 25 Minuten, in denen du konzentriert arbeitest, dann kommt eine fünfminütige Pause. Nach vier Pomodori solltest du dir eine längere Pause (20–30 Minuten) gönnen.
- ✔ Magst du Musik nebenher? Oder lieber eine Serie, die im Hintergrund läuft? Oder sind es Kännchen mit Kaffee, die dich bei der Stange halten? Kakao? Tee? Hör einfach auf das, was du brauchst, was dir innere Ruhe schenkt.

Auch bei unseren LYX-Autor:innen ist es ganz unterschiedlich, auf welche Weise sie am besten arbeiten können und welche Routine für sie funktioniert:

Musik oder völlige Stille beim Schreiben?

Musik – als jüngstes von vier Kindern macht Stille mich nervös.

KARA ATKIN

Stille.

YVY KAZI

Stille oder Epic-Music-Mix.

EVIE DUNMORE

Musik.

BIANCA IOSIVONI

Das kommt auf den Tag und auf die Szene an, die ich gerade schreibe.

BRITTAINY C. CHERRY

Das kommt auf die Szenen an. Meist brauche ich Ruhe, aber manchmal – besonders bei emotionalen Szenen – habe ich einen bestimmten Song in Dauerschleife laufen. Der schafft es dann auch immer auf die Buch-Playlist.

ANABELLE STEHL

Musik – und das immer.

APRIL DAWSON

Meistens völlige Stille, selten höre ich auch Musik.

LAURA KNEIDL

Ich höre *immer* Musik. Leise Musik oder Soundtracks.

MORGANE MONCOMBLE

Das kommt auf die Szene und das Projekt an. Ich mag beides, wenn es passend ist.

AVA REED

Gaming- oder Instrumentalmusik.

KIM NINA OCKER

Ich höre Musik, aber früher brauchte ich völlige Stille. Komisch, wie sich das verändert hat.

EMMA SCOTT

Beides, je nach Szene.

ANNE PÄTZOLD

Musik beim Schreiben, Stille beim Überarbeiten.

SARAH SPRINZ

Musik oder irgendwas anderes. Nie völlige Stille!

ANNA SAVAS

Musik oder Hintergrundgeräusche.

MEHWISH SOHAIL

Nachteule oder früher Vogel?

Früher Vogel. Nachts kann ich nicht mehr geradeaus denken.

KARA ATKIN

Früher Vogel.

APRIL DAWSON

Beides – nicht zu empfehlen :D. Aber eher früher Vogel. Ich liebe es, morgens vor allen andern wach zu sein. Keine Anrufe, sondern völlige Ruhe beim Schreiben.

ANABELLE STEHL

Nachteule!

YVY KAZI

Früher Vogel, manchmal mit Tendenz zur Nachteule.

BRITTAINY C. CHERRY

100 % Nachteule – ich schreibe noch, während der frühe Vogel schon wieder aufsteht.

EVIE DUNMORE

Ich kann nicht mehr so lange wach bleiben wie früher, aber ich bevorzuge es, länger aufzubleiben, als früh aufzustehen. Ich mag es wirklich nicht, früh aufzustehen. Überhaupt nicht.

EMMA SCOTT

Früher Vogel.

LAURA KNEIDL

Nachteule.

KIM NINA OCKER

Früher Nachteule,
als Mama muss ich der
frühe Vogel sein ...

AVA REED

Je früher, desto besser.

SARAH SPRINZ

Kommt auf die Jahreszeit und das Buch an! Manche Bücher sind Nachtschwärmerbücher, andere solche, bei denen ich den Sonnenaufgang sehen muss, um es zu fühlen.

MEHWISH SOHAIL

Früher Vogel.

MORGANE MONCOMBLE

Definitiv Nachteule.

ANNE PÄTZOLD

Nachteule!

ANNA SAVAS

Beides.

BIANCA IOSIVONI

Früher Vogel.

MOUNIA JAYAWANTH

Wie viele Tassen Kaffee/Tee trinkst du beim Schreiben?

Zu viele. Kaffee ungefähr drei Tassen, Tee ca. sechs.

KARA ATKIN

Tee, ungefähr einen Liter. Kaffee, meist eine Tasse.

APRIL DAWSON

Eine bis zwei, selten auch mal drei.

BIANCA IOSIVONI

Nach drei Tassen Kaffee ist bei mir Schluss, ansonsten hält mich mein Kopf die ganze Nacht über wach.

SARAH SPRINZ

Gar keine! Ich bin ein Wasser-Mädchen.

BRITTAINY C. CHERRY

Zu viele ...

EVIE DUNMORE

Null! (Ich koche ihn, schreibe – und dann fällt er mir erst Stunden später wieder ein ...)

YVY KAZI

Zwei bis drei.

MOUNIA JAYAWANTH

Ein oder zwei Tassen Tee, je nachdem wie viele Stunden ich schreibe.

MORGANE MONCOMBLE

Ich zähle aus Selbstschutz nicht mit.

KIM NINA OCKER

Ich trinke drei Tassen Kaffee, die mir bis ca. 14 Uhr ausreichen. Danach trinke ich Tee, wenn ich noch weiterschreibe, aber meistens bin ich bis dahin fertig.

EMMA SCOTT

Am Tag zwei bis vier Tassen Kaffee (aber nur noch entkoffeinierten).

AVA REED

Ich trinke meistens nur Wasser.

LAURA KNEIDL

Ich trink am Tag so drei Tassen Kaffee.

ANABELLE STEHL

Lieber Eistee! Und davon zu viel.

ANNE PÄTZOLD

Die Erfahrung wird dir zeigen, wie deine perfekte Routine aussieht. Aber vielleicht stellst du ja auch fest, dass du gar keine solchen klaren Strukturen brauchst, sondern dass deine Routine die Abwechslung ist. Nimm dir ruhig die Zeit, zu ergründen, was am besten für dich funktioniert. Unsere LYX-Autor:innen haben sich auch durch diese Findungsphasen gekämpft, vielleicht helfen dir ihre Erfahrungsberichte weiter.

Wie sieht dein Schreiballtag aus? Hast du Schreibroutinen?

BIANCA IOSIVONI: Jeder Tag ist anders, aber am liebsten schreibe ich von morgens bis mittags. Routinen habe ich keine, außer dass ich die Playlist zum aktuellen Projekt höre, um mich einzustimmen, und die letzten Sätze lese, die ich am Tag zuvor getippt habe.

APRIL DAWSON: In der Früh wird ein Tee oder Kaffee vorbereitet, Musik angemacht und bis mittags geschrieben, wo ich in Ruhe arbeiten kann. Morgens bin ich am kreativsten. Abends schreibe ich nur dann, wenn mich eine Idee überkommt oder mich etwas inspiriert.

BRITTAINY C. CHERRY: Mein Schreiballtag sieht immer anders aus. Ich bin keine Autorin, die jeden Tag nur am Computer sitzen und für eine geplante Stundenzahl schreiben kann. Ich muss die Welt sehen, sie erkunden und neue Dinge ausprobieren, um Inspiration zu finden. An manchen Tagen gehe ich spazieren, um kreativ zu sein. An anderen Tagen höre ich eine bestimmte Musikrichtung. Mein Alltag ist also nie gleich.

SARAH SPRINZ: Ich versuche, frühmorgens zum Sport zu gehen, anschließend die allerwichtigsten Mails zu beantworten und dann für einige Stunden konzentriert am Text zu arbeiten. Aber das klappt nicht immer. An Tagen, an denen ich stundenlang untätig meinen Bildschirm anstarre, zwinge ich mich zu einem Ortswechsel. Sobald ich dann in einem Café sitze, funktioniert es meist wieder mit dem Schreiben.

DAS SCHREIBHANDWERK

Du hast nun eine Idee im Kopf, die Technik aufgerüstet, einen Schreibplatz gefunden und das Internet zu Recherchezwecken angeworfen – machen wir uns jetzt ans Schreiben!

Geschichten sind ein integraler Bestandteil unseres Lebens, und was eine gute Geschichte ist, wissen wir oftmals intuitiv. Immerhin sind wir unser ganzes Leben lang in allen denkbaren Situationen von Geschichten umgeben, denen wir uns mal mehr, mal weniger intensiv widmen. Doch wir wollen einmal näher betrachten, was die Voraussetzungen sind, um eine gute Story zu erzählen.

Zum einen sind **Konflikte** wichtig: Hier geht es um Ziele, die von unseren Held:innen erreicht werden wollen, während ihnen Hindernisse in den Weg gelegt werden, die sie überwinden müssen. Kurz gesagt, sie werden von den Autor:innen durch die Hölle geschickt. Das macht das Ganze erst interessant, ist es doch das, was die Emotionen bei den Leser:innen hervorbringt.

Damit allerdings das Interesse der Lesenden aufrechterhalten bleibt, wenn die Held:innen ihre ganz persönlichen Tiefpunkte durchlaufen, müssen **Figuren** gut gezeichnet sein. Das ist wichtig, damit man mit ihnen mitfiebern kann. Die Leser:innen müssen es *wollen*, dass deine Charaktere alle Steine, die du ihnen als Autor:in in den Weg rollst, überwinden und ihr Ziel erreichen.

Die **Details**, mit denen du die Geschichte anfüllst, müssen die Sinne der Lesenden ansprechen. Du als Autor:in bist ihr

Auge, ihr Ohr, ihr Geschmacks- und Tastsinn. Du musst ihnen das Geschehen mit Worten so bunt wie möglich gestalten.

Außerdem ist **Spannung** notwendig, um die Leser:innen bei der Stange zu halten. Die erreichst du durch die oben erwähnten Konflikte, die sich außerhalb und im Inneren der Figuren abspielen oder eben auch ein Dilemma (alle Lösungsmöglichkeiten sind schlecht) beinhalten können. Darüber hinaus gibt es Twists, welche die Handlung überraschend und unvorhergesehen wenden können.

Du siehst, es gibt jede Menge Gestaltungsmöglichkeiten, die man als Autor:in im Auge behalten sollte, aber wie bereits erwähnt, ist Schreiben (und im Zuge dessen auch das Storytelling) ein Handwerk, das man erlernen kann. Dabei ist es unerlässlich, Geduld an den Tag zu legen und immer wieder auszuprobieren, was dir als Autor:in am besten liegt oder womit du am wirkungsvollsten arbeiten kannst. Wichtig ist nur: Gib nicht auf, wenn etwas mal nicht gelingt. Das ist normal und zahlt trotzdem immer auf dein Erfahrungskonto ein, denn beim nächsten Versuch weißt du es dann schon besser.

SCHREIBMETHODEN

character-driven vs. plot-driven

Sobald du eine Geschichte entwickelst und deine Idee ausfeilst, wird sich dir folgende Frage stellen: Was kommt eher zu dir – der Plot oder die Figuren? Es ist ein bisschen wie die Frage nach der Henne, dem Ei und was zuerst da war. Sicherlich solltest du sowohl die Handlung als auch die Figuren ausarbeiten und glaubhaft gestalten. Allerdings kann es hilfreich sein, für dich selbst vorab festzulegen, wohin die Reise für dich und deinen Text gehen soll.

Das heißt also, je nachdem, welche Intention dein Text haben soll oder in welchem Genre du schreibst, wird sich während des Schreibprozesses herauskristallisieren, ob dein Buch eher **handlungsorientiert** (plot-driven) oder **figurenorientiert** (character-driven) ist. Aber lass dich davon nicht stressen: In welche Richtung du tendierst, wirst du selbst schnell merken, wenn du unsere Erklärungen liest – trotzdem ist es wichtig, beide Elemente gut auszuarbeiten.

Handlungsorientiert

Wie du dem Begriff schon entnehmen kannst, wird bei handlungsorientierten Geschichten der Plot im Vordergrund stehen. Maßgeblich ist, was geschieht! Die Elemente deines Plots sollen gut ineinandergreifen, damit die Handlung fließt und auch vorangetrieben werden kann. Twists und Turns, also unerwartete Handlungsmomente, sind ein wichtiger Bestandteil deines Textes. Auch wenn Figuren gut ausgearbeitet sind und ihre Motivation nachvollziehbar ist, tritt deren Entwicklungsgeschichte in den Hintergrund. Charaktere müssen schnelle Entscheidungen treffen, die Frage nach dem Warum spielt eine eher untergeordnete Rolle.

J. R. R. Tolkiens *Der Herr der Ringe* oder Dan Browns *Sakrileg* sind hierfür gute Beispiele: Trotz vielschichtig ausgearbeiteter Charaktere und einer komplex gestalteten Welt wird in diesen Büchern in erster Linie der Plot vorangetrieben, und zwar durch die Suche nach Artefakten bzw. die Zerstörung ebensolcher.

Figurenorientiert

Bei figurenorientierten Texten konzentrierst du dich auf die Charaktere und ihre Emotionen: Was treibt sie an, welche Entwicklung durchlaufen sie, wie lösen sie ihre Probleme? Du verschaffst einen Einblick in ihr Innenleben; wichtig ist dabei die Veranschaulichung der inneren Wandlung. Als Autor:in planst du deine Figuren vielschichtig, mit einer komplexen Hintergrundgeschichte. Was sie antreibt, ist entscheidend. Deine Figuren, ihre Motivation, ihre Konflikte und Entscheidungen bestimmen die Handlung und nicht andersherum. Und je weiter die Handlung voranschreitet, desto mehr Schichten ihres Charakters entblättern die involvierten Figuren.

In sehr vielen LYX-Romanen wirst du diese Form des Storytellings wiederfinden, denn der Liebesroman in all seinen Facetten und Ausprägungen braucht die Figuren und deren emotionale Entwicklung, um die Leser:innen mitzureißen.

plot-driven	**character-driven**
Dein Text ist eher spannend gestaltet.	Dein Text ist eher eine Charakterstudie.
Schnelles Erzähltempo herrscht vor.	Plot: einfacher gestrickt; wird genutzt, um die Figuren weiterzubringen
Alle Elemente des Plots müssen gut ineinandergreifen.	Fokus: innere Konflikte
Fokus: externe Konflikte	Figuren, die mitreißen und Identifikationspotenzial bieten, werden eingewoben.
Die Motivation der Figuren wird sekundär behandelt.	

Es ist demnach für dich als Autor:in hilfreich, herauszufinden, wohin du mit deinem Text willst, was dein Roman transportieren soll. Dann kannst du entscheiden, worauf du den Fokus legen willst, und entspannter mit dem Schreiben loslegen. Es gibt hier keine richtige oder falsche Antwort, aber wenn du deine Bedürfnisse bzw. die Bedürfnisse deines Textes (er-)kennst, ist es leichter für dich, am Schreiben dranzubleiben und tiefer in dein Manuskript abzutauchen.

Plotter vs. Pantser

Um die Arbeit an deinem Text so effektiv wie möglich zu gestalten, ist es hilfreich, sich mit der richtigen Strategie auseinanderzusetzen. Du wirst feststellen, dass es – ganz grob gesagt – zwei Arten gibt, wie du an das Romanschreiben herangehen kannst – nämlich als **Plotter** oder als **Pantser**.

Der Begriff Pantser leitet sich aus der Phrase »Fly by the Seat of Your Pants« ab, was so viel bedeutet wie, dass jemand stark auf sein Bauchgefühl hört und Entscheidungen intuitiv trifft. Und Plotter – du ahnst es vielleicht schon – stammt vom »Plotting«, also vom Planen deiner Geschichte am Reißbrett. Ursprünglich kommt das Plotten nämlich aus der Nautik, als man noch per Hand verschiedene äußere Einflüsse wie zum Beispiel Winde oder Strömungen auf Seekarten eingezeichnet hat.

Die Plotter sind diejenigen, die ihre Idee, ihren Plot, ihre Welt und ihre Figuren bis ins Kleinste planen, während Pantser sämtliche Korsette des Plottens abstreifen und einfach loslegen. Sie geben sich ihrer Inspiration hin, schreiben drauflos und folgen ihren Figuren auf deren Weg zum Ziel.

»Ich bin ein ›Pantser‹! Ich höre auf meine Charaktere, sobald sie in meinem Kopf auftauchen, was bedeutet, dass ich manchmal nicht chronologisch schreibe. Am Ende muss ich die Geschichte dann zusammensetzen.«

BRITTAINY C. CHERRY

Mit anderen Worten: Plotter würden ihr Kuchenrezept bis aufs letzte Gramm genau notieren und alles sorgfältig abwiegen, ehe sie den Teig zum Backofen tragen, während Pantser aus dem Bauch heraus Zutaten zusammenwerfen und das Ganze direkt backen.

PLOTTER

Vorteile:

- Ein klarer Pfad liegt vor dir.
- Du beschäftigst dich intensiv und tiefgehend mit der Story und deinen Figuren.
- Du weißt, wie dein Buch anfängt und wie es endet.
- Die Wahrscheinlichkeit ist geringer, dass du in einer Sackgasse landest.
- Das Schreiben geht schneller von der Hand.
- Am Ende benötigt dein Text wahrscheinlich weniger Eingriffe beim Lektorat.
- Es ist leichter, sich an einen Zeitplan zu halten.

Nachteile:

- Du bist sehr auf deinen strukturierten Plot beschränkt.
- Du bist weniger flexibel.
- Willst du etwas umschreiben oder eine neue Idee einflechten, musst du aufwendig umarbeiten.
- Intensiveres Plotten kann ein Zeitfresser sein.

PANTSER

Vorteile:	Nachteile:
Du hast alle kreativen Freiheiten.	Mit dieser Methode kannst du schnell in einer Sackgasse landen oder dich in losen Enden verlieren bzw. sie nicht verknüpfen.
Du bist flexibel und kannst einfach loslegen.	Die Gefahr von Plotholes, also Logiklücken, ist deutlich größer.
Du kannst dich von Ideen, der Story oder Figuren leiten lassen.	Verlierst du vielleicht einmal deine Inspiration, besteht die Gefahr einer Schreibblockade.
Die Storyline ist organisch gewachsen.	
Du kannst dich selbst mit manchen Wendungen noch überraschen.	

Welche dieser Strategien dir besser liegt, wirst du im Laufe der Zeit herausfinden. Für den Anfang ist es hilfreich, als Plotter zu starten. Du wirst dann sehen, wie die Dinge sich entwickeln.

Womöglich wirst du dich aber bei einer Mischform einpendeln, dem **Plantser**, der das Beste aus den zwei Welten vereint. Das heißt, du planst vielleicht nicht alles bis ins Detail, sondern konzentrierst dich auf einige wichtige Plotpunkte. Diesen Mittelweg gehen wahrscheinlich viele Autor:innen da draußen.

Aber: Jeder Weg, den du beschreiten möchtest, ist ein spannender Weg – egal, für welchen du dich entscheidest: Trau dich und teste deine Möglichkeiten!

PLOTTING-METHODEN

Wenn du dich (noch) nicht als Vollblut-Pantser siehst und zu Anfang vielleicht ein bisschen Theorie-Luft schnuppern möchtest, wollen wir dir einen kleinen Einblick in gängige **Plotting-Methoden** verschaffen.

Wie wir bereits angedeutet haben, ist die Struktur deines Textes ein wichtiger Dreh- und Angelpunkt. Es kann daher sehr hilfreich sein, ein genaues Auge auf das Gerüst deiner Story zu haben. Denn:

- ✓ Struktur unterstützt dich dabei, den roten Faden beizubehalten.
- ✓ Es gibt kein Verzetteln innerhalb des Plots.
- ✓ Mit Struktur sorgst du dafür, dass in deiner Story keine Langeweile aufkommt.
- ✓ Struktur bietet den Lesenden Orientierung innerhalb der Geschichte und hilft ihnen, der Handlung zu folgen.
- ✓ Dadurch kannst du eine sinnvolle Abfolge von Geschehnissen aufstellen. Worum geht es konkret? Was sind die Schlüsselmomente deiner Geschichte und was muss dazwischen passieren, um Spannung aufzubauen und aufrechtzuerhalten?

Die eigene Geschichte zu strukturieren ist – übertrieben formuliert – alterslos. Schon Aristoteles hat 335 v. Chr. dahingehend eine Theorie aufgestellt, dass das Drama drei Akte benötigt. So simpel es also auch klingen mag: Wir benötigen einen Anfang, einen Mittelteil und ein Ende in unserer Geschichte. Diese **3-Akt-Struktur**, die auch heute noch von Bedeutung ist, hat Aristoteles folgendermaßen gegliedert:

1. Akt: Exposition
2. Akt: Konflikt
3. Akt: Auflösung

[Übung]

Mach dich mit der 3-Akt-Struktur vertraut, indem du dir ein Märchen deiner Wahl oder eine deiner Lieblingsgeschichten zur Hand nimmst und versuchst, sie in die Akte aufzugliedern. Um dir eine erste Orientierung zu bieten, lass uns einen genaueren Blick auf das Konzept am Beispiel des Märchens Aschenputtel werfen (Achtung, Spoiler!).

Im ersten Akt legen wir den Grundstein für unsere Geschichte. Wir lernen unsere Held:innen und auch ihre Gegenspieler:innen, kennen; finden heraus, wer sie sind, was sie antreibt, wohin sie wollen. Als Autor:in beschreibst du die Ausgangslage, führst in die Hintergründe deiner Welt ein und erklärst die äußeren Umstände.

> *Als Aschenputtels Mutter stirbt, nimmt sich der Vater eine neue Frau, die wiederum zwei charakterlich fragwürdige Stiefschwestern mit in die Ehe bringt. Die beiden Schwestern hassen Aschenputtel und degradieren sie zu niederen Diensten. Sie muss in der Asche schlafen (daher stammt dann auch ihr Name) und sich in alte Kleider hüllen. Aschenputtel fügt sich ihrem Schicksal. Vorerst.*

Das ist also die **Basis** unseres Märchens; wir lernen die Hauptfigur und ihre Gegenspielerinnen kennen. Wir erhalten Informationen über die Ausgangslage und werden in Aschenputtels Welt eingeführt. Der Konflikt zwischen Aschenputtel und den Schwestern, die sie aus ihrem alten Leben vertreiben, ist eröffnet.

Der **zweite Akt** entblößt den Konflikt, der deiner Geschichte zugrunde liegt. Hier wird definiert, wo die **Reibungspunkte** liegen. Unsere Held:innen werden auf eine Reise geschickt, die sie ihrem Ziel näherbringen soll. Die Handlung spitzt sich zu, der Konflikt verschärft sich.

> *Als Aschenputtels Vater sich auf eine Handelsreise begeben muss, bringt er seiner Tochter einen Haselzweig als Souvenir mit, den Aschenputtel umgehend auf dem Grab ihrer Mutter einpflanzt. Damit wendet sich Aschenputtels Blatt. Auch wenn ihr die Schwestern alle möglichen Steine (beziehungsweise Hülsenfrüchte) in den Weg legen: Mithilfe des Zweigs, aus dem mittlerweile ein Baum gewachsen ist, und sprechender Vögel schafft es das Mädchen unerkannt auf zwei Bälle des Prinzen. Jedes Mal schüttelt der Baum ihr schicke Kleider und gläserne Pantoffeln (über die pragmatische Seite solcher Schuhe diskutieren wir an dieser Stelle nicht!) herab. Der Prinz, der von der geheimnisvollen Schönheit fasziniert ist, will sie unbedingt kennenlernen. Aber wie, wenn sie doch immer kurz vor Mitternacht verschwindet? Mit einer List (Pech auf den Treppenstufen – effektiv, aber wenig nachhaltig) gelangt der Prinz in den Besitz eines Schuhs von Aschenputtel – und nun macht er sich auf die Suche nach ihr.*

Im **Mittelteil** erkennen wir jetzt, dass Aschenputtel zwar ihr neues, fürchterliches Leben annimmt und sich damit arrangiert. Aber der Konflikt zwischen ihr und den Schwestern spitzt sich zu; die beiden werden immer grausamer zu ihr und wollen ihr Glück verhindern. Aschenputtels Schicksal beginnt sich allerdings zu wenden, als sie magische Hilfe bekommt. Sie hat jetzt die Möglichkeit, auf dem Ball ihrem Elend zu entfliehen. Zumindest kurzzeitig. Des Prinzen List mit dem Pech auf den Stufen bringt uns der Lösung des Konflikts schon näher. Doch die Spannung wird aufrechterhalten, da Aschenputtel entwischen kann und nur ihr Schuh zurückbleibt.

Der **dritte Akt** hält die **Auflösung des Konflikts** bereit. Die Handlung hat sich zu einem **Höhepunkt** gesteigert und fällt wieder ab. Es kommt zu einem **Happy End** oder einer **Katastrophe**.

> *Mit dem Schuh in der Hand eröffnen sich dem Prinzen jetzt alle Möglichkeiten, die unbekannte Schöne in seinem Königreich aufzustöbern. Als er alle Frauen im entsprechenden Alter zu einer Schuhanprobe-Aktion zusammentrommelt, stehen seine Chancen gar nicht schlecht, diejenige zu finden, der der Pantoffel passt. Aber, halt! Allen ist der Schuh zu klein. Als die Stiefschwestern an der Reihe sind, wollen sie die Liebe des Prinzen mit brachialer Gewalt erzwingen. Abgeschnittene Zehen und Fersen sollen darüber hinwegtäuschen, dass sie nicht die Richtigen sind. Doch bei beiden wird der Betrug von den sprechenden Tauben aufgedeckt. Mit etwas Nachdruck verlangt der Prinz nun, dass alle Frauen im Haushalt den Schuh anprobieren ... und siehe da, dem schmutzigen Aschenputtel, das vorher niemand beachtet hat, passt der Pantoffel. Einer Heirat steht nun nichts mehr im Wege, und den Stiefschwestern werden zur Strafe beide Augen ausgehackt.*

Das ist nun der **Showdown**. Der Konflikt hat auf einen Höhepunkt zugesteuert. Es kam zur **Konfrontation** und am Ende wurde alles aufgelöst. Aschenputtel hat sich aus ihrer misslichen Situation befreien können und ihre Stiefschwestern übertrumpft – mit Geduld und dem Wissen um Gerechtigkeit und Karma. Alle Fäden wurden hier zusammengeführt, unsere Heldin hat ihre Belohnung am Ende erhalten und kann einem Happy End entgegensehen.

Darüber hinaus ist es bei diesem Schema wichtig, dass alle Akte ohne Orts- und Zeitsprünge aufeinander aufbauen und sich der Elemente bedienen, die in den Akten angelegt sind: Der Anfang muss also bereits all das beinhalten, was sich später im Mittelteil entspinnt. Der Mittelteil wiederum schlägt Bogen sowohl zum Anfang als auch zum Ende. Und das Ende wiederum greift Elemente vom Anfang und von der Mitte auf.

Aristoteles hat mit seiner Methode den Grundstein gelegt, und viele kluge und sachkundige Menschen haben sich diesen Ansatz zur Brust genommen und ihn in hilfreiche Theorien übertragen. Du wirst feststellen, dass uns diese 3-Akt-Struktur in den Theorien immer wieder begegnet – sie ist lediglich weiter aufgespalten und um nützliche Details und Zwischenschritte ergänzt worden.

Sind dann nicht aber alle Geschichten nach dem gleichen Schema aufgebaut?, wirst du dich vielleicht fragen. *Wird das dann nicht langweilig?* Darauf kann es nur ein eindeutiges Jein geben.

Die Grundstruktur aller Geschichten ist tatsächlich – egal, in welchem Genre wir uns befinden – ähnlich. Aber: Der Plot stellt das Skelett deiner Story dar, und mit deiner Geschichte hauchst du dem Ganzen Leben ein. Mit deinem eigenen Stil, deinen Figuren, deiner originellen Idee und deiner Sicht auf die Welt schreibst du das Fleisch auf die Knochen und erschaffst sozusagen etwas ganz Individuelles. So, wie jeder Mensch im Grunde genommen von seiner körperlichen Beschaffenheit her gleich ist, sind es doch die Erfahrungen, Erlebnisse, Träume und Wünsche, die eine Person wirklich ausmachen. Und das gilt auch für Geschichten: Du strickst die Geschichte individuell, der Plot ist nur dein Grundgerüst, das du nach Belieben ausschmücken kannst.

Aber nun wollen wir einmal genauer schauen, welche Methoden es da draußen noch gibt.

3-Akt-Schema nach Syd Field

Syd Field, ein US-amerikanischer Autor, der sich hauptsächlich mit dem Thema Drehbuchdramaturgie auseinandersetzte, hat sich mit der Erzählstruktur erfolgreicher Kinofilme beschäftigt, das aristotelische Modell zum Vorbild genommen und sein eigenes Schema entwickelt. Dabei bleibt der Dreisatz bestehen, doch Field hat ihn noch um ein paar Orientierungspunkte erweitert.

3-AKT-STRUKTUR

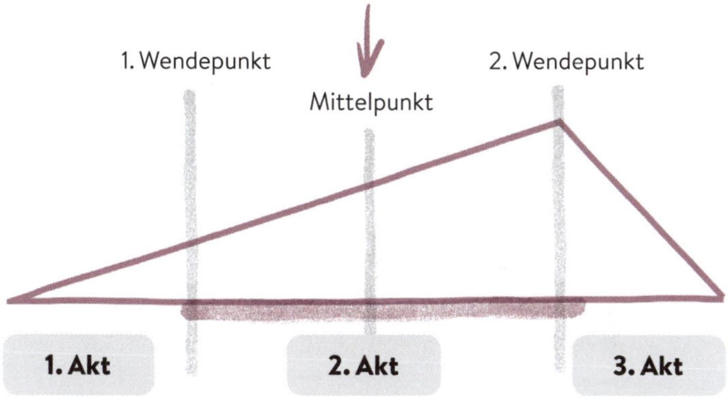

Der erste Akt, das **Setup**, erfüllt hier ebenfalls die Funktion, die Leser:innen in die Geschichte einzuführen: Die Figuren und Umstände werden vorgestellt. Hintergrundinfos werden geliefert. Die ersten Probleme werden eröffnet und die Schwächen der Held:innen aufgezeigt. Kurz gesagt, die Handlung wird in Gang gebracht.

Der zweite Akt, die **Konfrontation**, nimmt die Hälfte der Geschichte ein. Wie wir bereits wissen, wird hier der Konflikt zwischen Held:in und Antiheld:in herausgearbeitet. Unsere Figur wird einem **Konflikt** ausgesetzt, wobei der Konflikt innerer, äußerer oder persönlicher Art sein kann. Es tauchen **Hindernisse** und/oder **Gegenspieler:innen** auf, die unseren Held:innen das Leben schwer machen.

An dieser Stelle hat Field noch weitere Punkte eingeführt, die dem Spannungsaufbau dienen:

- ✓ Es gibt **Plotpoints**, oder Wendepunkte, die beim Übergang vom ersten in den zweiten Akt bzw. vom zweiten in den dritten Akt gesetzt werden. Diese Punkte sind Vorfälle oder Ereignisse, die überraschend in die Geschichte eingreifen und sie in eine andere Richtung lenken. Diese Wendungen sind nicht so tiefgreifend wie beim Midpoint, aber es tritt eine entsprechende Veränderung ein, an der unsere Hauptfiguren wachsen können und die auf das Finale vorbereitet und hindeutet.
- ✓ Der **Midpoint** befindet sich, wie uns der Name verrät, in der Mitte der Handlung und bedeutet einen Einschnitt ins Leben unserer Held:innen. Er ist der **zentrale Wendepunkt**, der das Geschehen noch einmal um 180 Grad dreht und den Kurs aufs Finale setzt.

Der dritte Akt, die **Resolution**, ist, wie wir auch schon wissen, die Auflösung des Konflikts, der sich in Akt eins und zwei entsponnen hat. Die Ereignisse überschlagen sich, das Geschehen spitzt sich zu bis hin zur Eskalation. Nach dem Showdown löst sich das Problem der Hauptfiguren in Wohlgefallen auf (oder es geht alles den Bach runter, je nachdem, welche Intention dein Buch verfolgt).

Du siehst, wir haben hier ein recht einfaches Schema, mit dem du schon gut ausgerüstet ins Plotting starten kannst. Die Leitplanken sind nicht ganz so starr, aber du hast bereits eine gute Orientierung für dich und deine Figuren. Aber vielleicht brauchst du noch mehr?

5-teiliges Pyramidenmodell nach Gustav Freytag

Das fünfteilige Pyramidenmodell könnte fast eine Erweiterung des 3-Akt-Schemas sein. Doch es wurde bereits 1863 von Gustav Freytag in seiner Abhandlung *Die Technik des Dramas* erstellt. Du wirst auch hier wieder grundlegende Elemente von Aristoteles wiedererkennen.

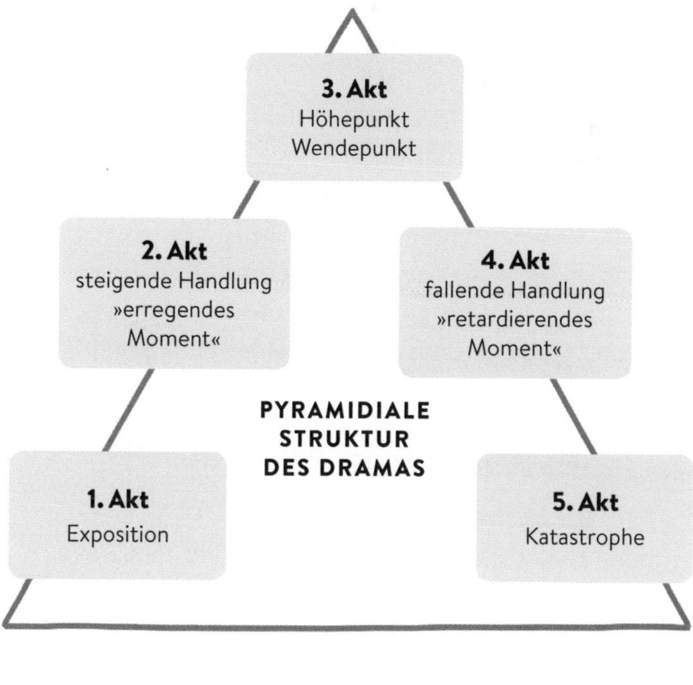

1 Akt:

Der erste Akt stellt – wenig überraschend – die Einleitung (oder **Exposition**) dar. Wir lernen die Hauptfigur kennen, und die zeitliche und räumliche Komponente, in der die Geschichte spielt, wird bekannt gegeben. Es werden Hintergrundinfos vermittelt, und die Leser:innen erhaschen einen ersten Blick auf den Konflikt, der hier angelegt wird.

2 Akt:

Der zweite Akt, die Steigerung, präsentiert den Leser:innen das **erregende Moment**. Es geschieht also etwas, was unsere Hauptfigur aus der Bahn wirft. Der Konflikt wird konkreter, die Handlung beschleunigt, und die Spannung steigt.

3 Akt:

Im dritten Akt erwartet uns der **Höhepunkt**. Der Konflikt erreicht ungeahnte Ausmaße für unsere Hauptfigur. Schlimmer kann es jetzt nicht mehr werden, die finale Auseinandersetzung steht bevor. Gleichzeitig ist der Höhepunkt aber auch ein **Wendepunkt**, der unsere Hauptfigur zum Guten oder Schlechten führen kann.

4 Akt:

Im vierten Akt kommt es zur Verlangsamung, die Handlung fällt ab. Doch das heißt nicht, dass auch die Spannung abflacht. Durch das **retardierende Moment** wird die Konfliktlösung verzögert. Es ist ein Twist, der die Leser:innen noch einmal auf eine falsche Fährte locken soll.

5 Akt:

Der fünfte Akt ist der Auflösung des Konflikts gewidmet. Es kommt zur finalen Auseinandersetzung, die entweder in einer **Katastrophe** oder im Triumph unserer Hauptfigur enden kann.

Hast du die Komponenten wiedererkannt? Du siehst, beim Plotting gibt es wiederkehrende Muster, auf die zurückgegriffen werden kann, um den Spannungsbogen aufrechtzuerhalten. Auch Freytags Pyramide bietet dir eine gute Orientierung, um deine Handlung entsprechend zu strukturieren.

7-Punkte-Methode nach Dan Wells

Diese Methode wurde 2013 von dem Autor Dan Wells ins Leben gerufen und baut auf der 3- bzw. 5-Akt-Struktur auf. Wells nutzt die Erkenntnisse und Methoden aus den Vorgängermodellen, löst aber die Akte auf, fügt seinerseits noch Punkte hinzu und gibt darüber hinaus Empfehlungen zur Reihenfolge der Bearbeitung. Damit hast du hier die Chance, dich noch konkreter mit deinem Plot auseinanderzusetzen.

7-PUNKTE-METHODE

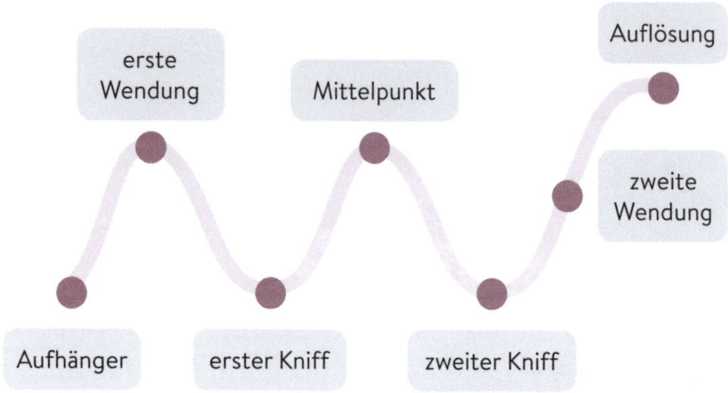

Punkt 1: Aufhänger

Held:in, Welt und Hintergrund werden eingeführt.

Punkt 2: Erste Wendung

Ein Problem tritt auf, und die Hauptfigur wird ins Abenteuer gestürzt.

Punkt 3: Erster Kniff

Ein Wendepunkt, ein überraschendes Ereignis bricht über unsere Hauptfigur herein und verschlimmert ihre Situation. Eventuell: Auftritt des:der Gegenspieler:in.

Punkt 4: Mittelpunkt

Ab hier wendet sich das Blatt für unsere Hauptfigur. Aufgrund eines Triggers muss sie reagieren und aktiv werden, um eine Lösung für ihr Problem zu finden. Sie arbeitet von nun an auf ihr Ziel hin.

Punkt 5: Zweiter Kniff

Abermals geht etwas schief, und um unsere Hauptfigur ist es noch schlechter bestellt. Der Druck auf sie wird erhöht.

Punkt 6: Zweite Wendung

Etwas geschieht, was die Handlung noch einmal herumreißt. Im allerletzten Moment findet die Hauptfigur doch noch eine Lösung für ihr Problem. Oder es ist der Anfang vom Ende – je nachdem, in welchem Genre du schreibst. Ein großes Überraschungsmoment sollte es aber auf jeden Fall sein. Die Emotionen (auch bei den Lesenden) müssen hochkochen.

Punkt 7: Auflösung

Unsere Hauptfigur findet Erlösung. Das Problem ist erledigt. Die Gegenspieler:innen sind besiegt. Die Hauptfigur hat eine Entwicklung durchlaufen, die sie verändert hat (meist zum Positiven). Sie hat ihr Ziel erreicht. Oder, wenn du ein Drama schreibst: Alle sind am Ende tot – ob Held:in, Bösewicht:in, der ganze Cast oder das lieb gewonnene Haustier.

In welcher Reihenfolge solltest du diese Punkte angehen?

Beginn, so empfiehlt es Dan Wells, mit **Punkt 7**. Denn das Ende ist ausschlaggebend für deine Geschichte, hierauf zielt alles ab, hier laufen alle Fäden am Schluss zusammen.

Wenn du diesen Punkt für dich definiert hast, dann sollte es ein Leichtes sein, **Punkt 1** auszugestalten, denn Punkt 1 und 7 sollten konträr zueinander stehen. Je intensiver der Gegensatz, desto stärker entwickelt sich der **Spannungsbogen**.

Als Nächstes nimmst du dir **Punkt 4** vor und teilst die Geschichte am Mittelpunkt entzwei. Ab hier schlagen die Ereignisse um: Es ist der Augenblick, in dem unsere Hauptfigur beginnt, ihr Schicksal in die eigenen Hände zu nehmen.

Das Grundgerüst steht, jetzt musst du es nur noch weiter ausschmücken. Flicht Kniffe und Wendungen ein: Zwischen Anfang und Mittelpunkt lässt du den **zentralen Konflikt** entstehen – der die Hauptfigur antreibt und zum Handeln bewegt. Zwischen Mittelpunkt und Ende setzt du der Hauptfigur noch mal zu und verschärfst ihre Lage, um dann mit einer überraschenden Wendung das Ruder wieder herumzureißen.

Wells' Methode ist zwar nichts völlig Neues, aber sie ist eine sehr zugängliche Variante, um dir einen guten Überblick über deinen Plot zu verschaffen. Der Vorteil hierbei ist, dass du – gehst du nach den Bearbeitungsempfehlungen des Autors vor – die Punkte nicht nacheinander abarbeiten musst, sondern dir Gedanken machen kannst, worauf deine Geschichte abzielt, wohin deine Held:innen wollen und deine Reise führt. Du kannst zwischen den Punkten hin und her wechseln und sie immer wieder verfeinern. Es steht dir offen, all das nach deinem Geschmack und deiner Vorstellung auszugestalten.

3-9-27-Methode

Bei der 3-9-27-Methode spaltest du deine Struktur auf: Ausgehend vom **3-Akt-Modell** wird deine Handlung in **9 Blöcke** (also 3 Blöcke je Akt) aufgeteilt, die wiederum in **27 Kapitel** (also 3 Kapitel je Block) aufgesplittet sind. Damit kannst du deine Geschichte sehr genau und ebenso detailreich planen. Du hast quasi Stützpfeiler entlang des Weges, an denen du deine Geschichte orientieren kannst, und brauchst unterwegs keine Pfade umzugestalten, die vielleicht ins Leere gelaufen wären, oder Umleitungen zu nehmen. Wir haben dir diese Methode einmal grob umrissen.

AKT 1: EINFÜHRUNG DER HAUPTFIGUR & IHRER WELT

Block 1 → Vorstellung der Hauptfigur

- **Kapitel 1:** der Alltag der Hauptfigur
- **Kapitel 2:** das ausschlaggebende Ereignis
- **Kapitel 3:** Hauptfigur reagiert auf das Ereignis

Block 2 → ein Problem tritt auf

- **Kapitel 4:** Hauptfigur wird sich der Konsequenzen aus dem Ereignis aus Kapitel 2 bewusst
- **Kapitel 5:** Hauptfigur entscheidet sich zu handeln
- **Kapitel 6:** diese Handlung hat umgehend Konsequenzen – Hauptfigur begeht Fehler

Block 3 → die Hauptfigur gerät unter Druck und wird in eine neue Welt katapultiert

- **Kapitel 7:** Hauptfigur gerät unter Druck, vor allem wegen der Handlungen/Auswirkungen aus Kapitel 5 und 6

- **Kapitel 8:** unerwarteter Plot Twist
- **Kapitel 9:** Hauptfigur wird in neue Welt geschubst

AKT 2:
KONFRONTATION

Block 4 → die Hauptfigur lernt die neue Welt kennen

- **Kapitel 10:** Einführung in die neue Welt
- **Kapitel 11:** Hauptfigur darf durchatmen; die neue Welt zeigt sich von einer schönen Seite
- **Kapitel 12:** Vergleich zwischen neuer und alter Welt; Veränderungen (auch in der Gefühlswelt der Hauptfigur) werden aufgezeigt

Block 5 → ein Konflikt entsteht: Krise in der neuen Welt

- **Kapitel 13:** Hinleitung zum Wendepunkt
- **Kapitel 14:** der Wendepunkt löst drastische Veränderung im Leben der Hauptfigur aus
- **Kapitel 15:** Umschwung; unmittelbare Reaktion auf Wendepunkt

Block 6 → die Hauptfigur will die Krise mit allen Mitteln lösen

- **Kapitel 16:** Hauptfigur wird sich der Konsequenzen aus dem Wendepunkt bewusst
- **Kapitel 17:** Hauptfigur handelt; erfährt daraufhin Rückschlag
- **Kapitel 18:** Rückschlag macht die Hauptfigur nur noch entschlossener; Grund zum Weitermachen

AKT 3:
AUFLÖSUNG DES KONFLIKTS

Block 7 → Hindernisse tauchen auf und die Lösung des Konflikts scheint unmöglich

- **Kapitel 19:** der Hauptfigur werden große Hindernisse in den Weg gelegt; Prüfung
- **Kapitel 20:** unerwarteter Plot Twist (alles wird noch dramatischer)
- **Kapitel 21:** der dunkelste Moment; ein Sieg rückt in unerreichbare Nähe

Block 8 → die Hauptfigur muss handeln oder zur Einsicht gelangen

- **Kapitel 22:** Rückbesinnung auf das Ziel / die Motivation der Hauptfigur
- **Kapitel 23:** die Hauptfigur schreitet zur Tat
- **Kapitel 24:** hier laufen alle Fäden zusammen; alles fügt sich zusammen

Block 9 → die Hauptfigur muss kämpfen und erringt den Sieg (oder erleidet eine schwere Niederlage): der Konflikt ist aufgelöst

- **Kapitel 25:** der finale Kampf
- **Kapitel 26:** der Höhepunkt; eine letzte lebensverändernde Entscheidung wird getroffen (ob zum Guten oder zum Schlechten)
- **Kapitel 27:** Auflösung; Reaktion auf Kapitel 26

Mit dieser Methode kannst du ganz genau abschätzen und einsortieren, was wann wie geschehen soll, und du hast damit einen sehr durchdachten Fahrplan für deine Geschichte erstellt, an dem du dich gut orientieren kannst. Dieses Schema bietet dir mit seiner Detailliertheit auf jeden Fall ein Sicherheitsnetz, um ohne größere Ausschweifungen und Ablenkungen zum Ziel zu gelangen.

Reiseschema nach Christopher Vogler

Der Literaturwissenschaftler und Mythenforscher Joseph Campell hat Ende der 1940er-Jahre die Theorie zur **Heldenreise** aufgestellt: Er hat erkannt, dass sich bestimmte Erzählmuster in unseren Geschichten herausgebildet haben und im Kern immer wiederkehren – ein Phänomen, das in allen Kulturen der Welt zu allen Zeiten auftaucht.

Das Muster ist universell und viele Autor:innen haben sich bereits – ob nun bewusst oder unbewusst – dessen bedient. Dieses archaische Muster spricht unsere ursprünglichen emotionalen und sozialen Bedürfnisse an. Hierbei werden grundlegende Ängste, Wünsche, Sehnsüchte oder Konflikte in symbolische Formen und in kraftvolle Bilder übersetzt, die die Leser:innen intuitiv berühren. All diese Emotionen sind tief in uns verwurzelt, und daher springen wir schnell auf dieses Muster an.

Der Drehbuchautor Christopher Vogler hat sich bei seinem Schema von Campell und auch den Archetypen C. G. Jungs inspirieren lassen.

C. G. JUNGS ARCHETYPEN DER PERSÖNLICHKEIT

Der Schweizer Psychiater Carl Gustav Jung leitete seine Theorie von den **12 Archetypen** aus den Märchen, Mythen, Sagen, Legenden und Traumbildern verschiedener Kulturen ab. Diese Archetypen stellen Symbole oder Bilder dar, die in jedem menschlichen Unterbewusstsein verankert sind. Jeder dieser Typen repräsentiert entsprechende Eigenschaften, die über Generationen hinweg und durch alle Kulturen hindurch mit bestimmten Emotionen oder Vorstellungen verknüpft sind und in unserem Verhalten und Denken erkennbar werden:

1. Der **Held** / Der **Kämpfer** – mutig, stark, kämpft für das Gute
2. Der **Liebende** – leidenschaftlich, verführend, moralisch
3. Der **Unschuldige** – neugierig, naiv, optimistisch, verlässlich
4. Der **Magier** – Visionär, Idealist, erschafft das Unmögliche
5. Der **Rebell** – provozierend, radikal, gegen jede Regel, revolutionär
6. Der **Narr** – witzig, selbstironisch, will sympathisch sein, blickt hinter die Fassaden
7. Der **Herrscher** / Der **König** – Kontrolle und Macht, diszipliniert und verantwortungsbewusst

8 Der **Beschützer** / Der **Fürsorgliche** – kümmert sich, hilfsbereit, unterstützend, mütterlich

9 Der **Entdecker** – unabhängig, abenteuerlustig, probiert sich aus, individualistisch

10 Der **Schöpfer** – kreativ, erfindungsreich, will Neues erschaffen

11 Der **Jedermann** – bodenständig, einfach, traditionsbewusst, bescheiden, loyal

12 Der **Weise** / Der **Mentor** – intelligent, bedächtig, will Wissen erlangen, nachdenklich

Voglers Methode, mit der er u.a. auch Disneys *Der König der Löwen* konzipiert hat, umfasst zwölf Schritte, die wir hier einmal zusammengefasst darstellen.

DIE REISE DES HELDEN

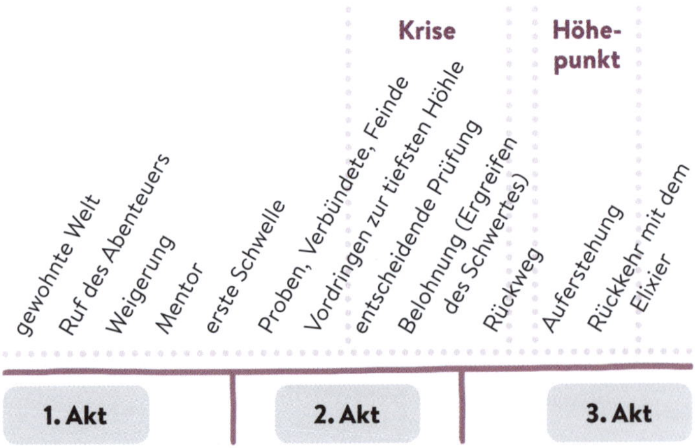

Gewohnte Welt: Der Startpunkt unserer Reise; die Welt der Hauptfigur ist nicht perfekt, eher langweilig oder problembehaftet.

Ruf des Abenteuers: Es geht los! Die Hauptfigur erhält einen deutlichen Ruf, um aus ihrer Welt auszubrechen. Oder: ein klares Ereignis fordert die Hauptfigur zum Handeln auf.

Weigerung: Die Hauptfigur will am Altbewährten festhalten und verweigert sich diesem Ruf. Eine Wandlung geschieht eben nicht über Nacht.

Begegnung mit dem Mentor: Unsere Hauptfigur braucht jetzt einen Schubs in die richtige Richtung, um sich überwinden zu können, die Reise anzutreten. Dabei tritt ein Mentor auf: Mentoren können alles und jeder sein – sie können es sogar schlecht mit unserer Hauptfigur meinen. Hauptsache, die Mentorenfigur gibt den richtigen Anstoß.

Überschreiten der ersten Schwelle: Der Übertritt in den zweiten Akt. Die Hauptfigur überschreitet bewusst die erste Schwelle und lässt ihre alte Welt hinter sich.

Bewährungsproben: Nun muss sich die Hauptfigur erst einmal in der neuen Welt zurechtfinden und sich ausprobieren. Um die Story in Gang zu halten, werden Stolpersteine – oder erste Bewährungsproben – eingebaut. Obendrein trifft sie dabei auf Verbündete und Feinde.

Vordringen zur tiefsten Höhle: Der vorherige Schritt wird noch einmal vertieft oder verschärft. Die Hauptfigur dringt jetzt bis zum gefährlichsten Punkt vor – bis tief ins Herz der Dunkelheit. Dabei bereitet sie sich allmählich auf die Konfrontation mit ihrem:ihrer Gegenspieler:in vor.

Entscheidende Prüfung: Die Hauptfigur muss sich der Herausforderung stellen. Das Böse und die Dämonen müssen besiegt werden – dabei kann dieser Konflikt sowohl im Inneren des Charakters als auch im Äußeren ausgefochten werden.

Belohnung – das Ergreifen des Schwertes: Übergang zum dritten Akt. Die Hauptfigur hat die schlimmste Stelle überwunden; der Gegner ist besiegt oder die inneren Konflikte sind bewältigt. Die Hauptfigur geht strahlend aus der Misere hervor. Die Belohnung kann etwas Gegenständliches sein (bspw. das Schwert) oder tiefgehende Erkenntnis.

Rückweg: Die Hauptfigur tritt nun den Heimweg in die alte Welt an (oder wünscht sich, dass alles wie früher wäre, vor dem Konflikt). Der Rückweg ist jedoch weder einfach noch ein triumphaler Durchmarsch, sondern eine letzte Herausforderung, eine finale Prüfung für unsere:n Held:in. Der Konflikt ist noch nicht gelöst, der:die Gegenspieler:in hat sich noch einmal berappelt und verlangt nach Rache. Es ist der Showdown, der Höhepunkt.

Auferstehung: Ein Twist in der Handlung. Es sieht nicht gut aus für unsere Hauptfigur, der Spieß hat sich für sie gedreht. Es scheint so, als hätten die Held:innen verloren und das Böse triumphiert. Doch unsere Hauptfigur steigt wie Phönix aus der Asche empor – innerlich gestärkt und bereit, sich der Konfrontation zu stellen. Sie hat sich von ihrem alten Ich befreit und geht als Held:in hervor (oder sie schafft es nicht – je nachdem, welches Ende oder Genre du gewählt hast).

Rückkehr – mit dem Elixier: Das Ende der Reise ist gekommen. Die Hauptfigur ist zurückgekehrt und genießt die Früchte ihres Abenteuers. Was hat sie gelernt, was hat sie erfahren, wen hat sie getroffen, was bereichert ihr Leben? Die Auswirkungen ihrer Reise werden aufgezeigt. Dieser Schritt lässt sich sehr gut als Kontrastpunkt zum ersten Schritt darstellen.

Wenn du mit der Heldenreise arbeiten möchtest, ist das sicherlich ein guter Weg, um viele deiner Bedürfnisse beim Plotten zufriedenzustellen. Denn auch dieses Schema bietet dir einen soliden Plan, um deine Geschichte zu strukturieren. Es ist zeitlos und auf jedes Genre anwendbar. Lass dich nicht davon beirren, dass hier einige Elemente nach klassischer Fantasy klingen – das lässt sich alles gut abstrahieren und auf jede beliebige Handlung übertragen.

Solltest du noch mehr wissen oder dich noch strukturierter an diese Variante wagen wollen, kannst du auf das **Beat-Sheet** von Blake Snyder zurückgreifen, der sich dafür auch dieses Schemas bedient. Er führt das genauer in seinem Buch *Save the Cat! Goes to the Movies* aus.

Wie bereits erwähnt, bauen viele dieser Plotting-Methoden aufeinander auf oder sind erweiterte Varianten voneinander. Sie vermischen und ergänzen sich und bieten dir somit eine große Auswahl. Es wird dabei oftmals auch auf die Methoden von Drehbuchschreiber:innen zurückgegriffen. Das ist gar nicht verkehrt, denn wie wir schon weiter vorn festgestellt haben, hat sich das Storytelling und unsere Rezeption von Geschichten heutzutage stark den Erzählweisen von Film und Fernsehen angepasst.

Und das ist super: Denn so kannst du unter vielen Methoden auswählen und ausprobieren, was dir am besten liegt, womit du die besten Ergebnisse erzielst und wie es dir am leichtesten fällt, den Überblick über deine Handlung zu behalten. Solltest du jedoch mit einer Methode gar nicht zurechtkommen: Quäl dich nicht unnötig, sondern geh weiter zur nächsten. Du kannst selbstverständlich auch eine Mischung aus all diesen Methoden verwenden, du musst dich nicht zwanghaft an nur ein Schema halten.

Schreibst du einfach drauflos oder nutzt du Plotting-Methoden? Wenn ja, welche?

KIM NINA OCKER: Ich bin oft ein wenig plotfaul, was aber hauptsächlich daran liegt, dass ich sehr schlecht einfach »nachdenken« kann. Mir fällt es oft deutlich leichter, mir die Reaktionen meiner Protagonist:innen oder die Entwicklung einzelner Szenen direkt beim Schreiben vorzustellen. Wie würde ich reagieren? Was wäre mein erster Reflex in dieser Situation? Was wäre eine nachvollziehbare Entscheidung? Ich plotte also nur sehr grob die Grundhandlung mit dem 7-Punkte-System von Dan Wells.

LENA KIEFER: Ich schreibe nie einfach drauflos, sondern plane meine Bücher relativ detailliert vor. Dazu nutze ich keine der bekannten Plotting-Methoden, sondern habe meine eigene entwickelt. Ich verwende ein Whiteboard und Post-its – ein Zettel pro Szene, je nach Schwerpunkt in einer anderen Farbe, z.B. Orange für spannende Sequenzen, Gelb für Dialoge, Pink für alles, was mit der Liebesgeschichte zwischen den Protagonist:innen zu tun hat. So kann ich meine Storylines komplett überblicken und anhand der Farben auch sehen, ob es irgendwo ein Ungleichgewicht von Elementen wie Action oder Dialogen gibt. Während des Schreibprozesses ist es zudem die perfekte Visualisierung, denn das Board habe ich vom Schreibtisch aus immer im Blick.

ANABELLE STEHL: Ich plotte erst grob mit der 7-Punkte-Methode von Dan Wells. Wenn das Grundgerüst steht, schaue ich im Detail, wann was geschehen muss. Kleinigkeiten ändern sich jedoch immer, da ich es mag, beim Schreiben zu sehen, wohin mich die Charaktere treiben.

ANNE PÄTZOLD: Ein bisschen von beidem! Ich bin nicht sehr gut darin, mich hinzusetzen und allein zu plotten, weil mein Kopf mir pro Idee immer noch fünfzehn Alternativen liefert. Meistens fällt es mir schwer, objektiv zu entscheiden, was davon am besten in die Geschichte passt oder worauf ich aufbauen kann. Daher komme ich besser klar, wenn ich mit einer Person plotte, der ich vertraue, und im Gespräch gleich ein direktes Feedback habe. Und sobald dann einmal grob etwas steht, arbeite ich mit der 7-Punkt-Methode, dem Buch *Save the Cat! Writes a Novel* und der 3-9-27-Methode und werfe sie wild zusammen, bis ich zufrieden bin.

FIGUREN

Das zweite maßgebliche Element, das deiner Geschichte Charakter und Tiefe verleiht und sie sowohl einzigartig als auch unvergesslich macht, sind: deine **Figuren**. Sie sind essenziell für deinen Roman, sie tragen deine Handlung und sind Katalysator für sämtliche Entwicklungen, Twists und Turns. Sie transportieren große Gefühle, tiefe Emotionen und brennende Leidenschaften (und das gilt sowohl für Held:innen als auch für deren Gegenspieler:innen).

Figuren sollen so nachvollziehbar ausgearbeitet sein, dass sie das Interesse der Leser:innen wecken und aufrechterhalten. Sie müssen über die Figuren lesen *wollen*! Die Leser:innen sollen mitgenommen werden auf die Reise, auf die unsere Held:innen gehen – und es muss sie berühren. Die Leser:innen brauchen glaubhafte Figuren, mit denen sie mitfühlen. Aber wir dürfen nicht den Fehler begehen, »plausibel« mit »realitätsnah« zu verwechseln. Denn: Menschen lesen lieber über Außergewöhnliches statt über Konventionelles. Romanfiguren sind daher immer *larger than life* konzipiert: Sie stellen sich schöner, hässlicher, tapferer, feiger als echte Menschen dar, sie sind sogar langweiliger als in echt. Nehmen wir zum Beispiel Agatha Christies Miss Marple – sie ist nicht nur eine neugierige alte Dame. Sie ist so scharfsinnig, dass sie verzwickte Mordfälle löst. Oder Ronja Räubertochter, die – obwohl mit einer Räuberbande aufgewachsen – mutig und schlau ist.

Aber: Unsere Figuren müssen fassbar bleiben, das heißt, sie sind auch »einfacher« gestrickt. Deswegen werden den Figuren auch nur einige wenige charakteristische Merkmale zugeordnet. Die jeweilige Figur wird also nicht in ihrer Gesamtheit dargestellt, sondern es werden nur die Eindrücke, Gedanken, Wünsche und Gefühle offenbart, die für das Motiv beziehungsweise die Entwicklung wichtig sind. Du zeigst als Autor:in sozusagen mit der Lupe auf diese Merkmale und vergrößerst sie für die Leser:innen, damit sie unseren Held:innen besser folgen können. Die Figuren nehmen uns also dort mit hin, wo wir als Leser:innen etwas sehen oder erkennen sollen, was für den Fortgang der Geschichte von Bedeutung ist.

Der Bandbreite deiner Figuren sind dabei keinerlei Grenzen gesetzt – ganz im Gegenteil, wir brauchen und wollen unterschiedliche Charaktere, unbedingt. Sie sollen in allen Varianten und Ausprägungen kommen, so bunt, vielfältig und komplex sein wie die Welt um dich herum. Einen enorm wichtigen Beitrag können hier **Own-Voice-Autor:innen** leisten, also Autor:innen, die von ihren eigenen Erfahrungen berichten und denen eine Stimme verleihen, die in der Welt der Bücher sehr lang viel zu wenig Raum bekommen haben. Diese Geschichten sind so unendlich wichtig, denn in Büchern sollte sich jede:r wiederfinden können. Also nur Mut, verfass deine eigene Geschichte!

Du hast alle Freiheiten, über die Charaktere zu schreiben, die dir am Herzen liegen. Vorstellungskraft, Empathie und Recherche sind ohnehin notwendig, egal, mit welchem Thema du dich befasst. Solltest du kein:e Own-Voice-Autor:in sein und möchtest eine solche Figur in deinen Roman einflechten oder für ein bestimmtes Thema sensibilisieren, ist es unabdingbar, einen **Sensitivity Reader**, also jemanden, der auf einem oder mehreren (sensiblen) Themengebieten eigene Erfahrungen gemacht hat, um Hilfe zu bitten und ihr:ihm zuzuhören.

Wenn du jetzt das Figurenensemble zusammenstellst, das innerhalb deiner Geschichte agieren soll, ist es hilfreich, auf ein paar Dinge zu achten: Bei Charakteren unterscheidest du nämlich zwischen flachen und runden Figuren.

FLACHE FIGUREN:

- ✓ Diese Figuren sind eindimensional und eigenen sich für kurze Auftritte.
- ✓ Sie sind immer Nebenfiguren und weisen eine besondere Eigenschaft oder ein Charaktermerkmal auf, gewissermaßen ein »Etikett«, das sie ganz intensiv verkörpern.
- ✓ Sie erfüllen in ihrer Rolle eine Funktion, die dem:der Held:in auf seinem:ihrem Weg hilft, sich zu entwickeln oder sein:ihr Ziel zu erreichen. Dabei können sie *für* oder *gegen* die Hauptfigur arbeiten.
- ✓ Sie begleiten oder fesseln die Lesenden nicht über einen längeren Zeitraum.

RUNDE FIGUREN:

- ✓ Diese Figuren sind vielschichtig und dreidimensional und mit komplexen Motiven angelegt.
- ✓ Sie besitzen widersprüchliche, kontrastierende Wünsche oder Eigenschaften.
- ✓ In ihnen wallen tiefe Emotionen: Sie wollen, sie brennen, sie sind emotional aufgeladen! Sie sind

voller Leidenschaft für ein Ziel – und diese Gefühle dienen für sie als Motivator. Damit treiben sie deine Geschichte voran.

- ✔ Als Leser:innen begleiten wir den Alltag dieser Figuren.
- ✔ Ihre Geschichte reicht weit über das Buch hinaus, sie weisen eine Vergangenheit auf, die sie mit sich herumtragen.
- ✔ Leser:innen wollen Bekanntschaft mit diesen Figuren machen, sie nehmen sie empathisch wahr, fiebern mit ihnen mit.

Als Autor:in ist es jetzt an dir, dich mit deinem Cast auseinanderzusetzen. Lern die Figuren kennen. Vor allem bei deinen Hauptfiguren ist es von essenzieller Bedeutung, ihre physiologischen, soziologischen und psychologischen Dimensionen zu erkunden.

Find heraus, wer sie sind, was sie antreibt, wie sie aussehen. Was haben sie in der Vergangenheit erlebt? Wer sind ihre Familie, Freund:innen, Feind:innen? Was macht sie besonders, haben sie Spleens oder benutzen sie gern bestimmte Floskeln? Welche Ziele, Wünsche, Träume, Ängste haben sie? Und was ist ihr Motiv? Tauch in ihre Psyche ein. Gib ihnen ein Aussehen und schenk ihnen eine Vergangenheit. Was macht sie so besonders, dass nur sie diese Rolle in deiner Geschichte spielen können?

[Übung]

Um deine Figuren besser kennenzulernen, kannst du mit ihnen »sprechen«.

- Führ Interviews oder Vorstellungsgespräche.
- Oder füll mit ihnen zusammen einen Fragebogen aus. Wie so etwas aussehen kann, wollen wir dir anhand des nachfolgenden Beispiels zeigen, auf das du immer wieder zurückgreifen kannst.

FRAGEBOGEN

Name:
Geburtsdatum:
Geburtsort:
Wohnort:
Beruf:
Größe:
Gewicht:
Haarfarbe:
Augenfarbe:
Ethnie:
Pronomen:
Mutter:
Vater:
Geschwister:
Familienstand:
Kinder:

Haustiere:
Beste Freund:innen:
Hast du einen Dialekt oder benutzt besondere Phrasen/ Floskeln?
Besondere (körperliche) Merkmale:
Physische/mentale Beeinträchtigungen:
Hobbys:
Was magst du:
Was magst du nicht:
Lieblingsklamotten/-stil:
Lieblingsschuhe:
Lieblingsmusik:
Lieblingstier:
Lieblingsfilm:
Lieblingsland:
Worüber lachst du?
Was bringt dich zum Weinen?
Hast du Ängste?
Hast du Krankheiten?
Was hat dich geprägt?
Was sind deine Stärken?
Was sind deine Schwächen?
Hast du schlechte Angewohnheiten?
Wie ehrgeizig bist du?
Wie gehst du mit Lob oder Kritik um?
Hast du Geheimnisse?
Wofür setzt du dich ein?
Brennst du leidenschaftlich für etwas?
Was ist dein größter Erfolg?
Was ist deine größte Niederlage?
Wovon träumst du?
Hast du ein großes Lebensziel?

Entwickle eine Biografie für deine (wichtigsten) Figuren: Das kann auch nur ein kurzer Abriss sein und muss nicht die vollständige Lebensgeschichte umfassen. Aber es ist für dich als Autor:in hilfreich, damit du die Aspekte vor Augen hast, die für die kommende Handlung eine Rolle spielen und deine Hauptfigur beeinflussen und zu dem machen, was sie in deiner Story verkörpern soll. Diese Biografie muss auch nicht zwingend eins zu eins in deinen Roman eingewoben werden, aber wenn du durch Andeutungen und kurze Einblicke die Hintergrundgeschichte deiner Hauptfiguren offenbarst, macht es deine Held:innen noch einmal besonders rund.

[Übung]

Wenn du deine Fantasie ein bisschen anregen willst, um deine Fertigkeit im Entwerfen von Biografien zu trainieren, versuch doch einmal das hier:

Überleg dir für Passant:innen, die du nicht kennst und die dir zufällig über den Weg laufen, eine fiktive Hintergrundgeschichte. Sei es für den Kassierer im Supermarkt oder die süße Omi auf der Parkbank oder dein Gegenüber im Bus – lass deiner Fantasie freien Lauf und denk dir eine spannende, lustige oder melancholische Geschichte aus.

FIGURENENTWICKLUNG

Ein wichtiger Aspekt, um deine Hauptfiguren so lebendig, nachvollziehbar und mitreißend wie möglich zu gestalten, ist die **Verwandlung**: Deine Held:innen müssen während der Geschichte eine Entwicklung durchlaufen. Das ist einerseits für die Figur essenziell und andererseits auch für die Leser:innen. Denn dadurch, dass die Hauptfigur pausenlos Kämpfe austragen muss – gegen die Außenwelt, gegen andere, gegen sich selbst –, treibt sie die Handlung voran, bringt Bewegung ins Geschehen und hält somit die Aufmerksamkeit der Lesenden aufrecht.

Deine **Protagonist:innen** – also die Hauptfiguren bzw. die **Held:innen** deines Buches – brauchen aber noch mehr: Wie wir schon erfahren haben, müssen Hauptfiguren auch immer **rund** sein, also vielschichtig und mit einem Ziel vor Augen. Held:innen sollten immer Identifikationspotenzial bieten, Empathie bei den Leser:innen hervorrufen und nachvollziehbar gestaltet sein. Sie sind oftmals als Außenseiter:innen (das kann auch im allerweitesten Sinne gelten) angelegt, das heißt, sie besitzen Schwächen – und das macht sie greifbarer für die Leser:innen.

Doch das ist noch längst nicht alles. Um deiner Geschichte Spannung zu verleihen, müssen deine Figuren leiden, und du als Autor:in musst sie durch die Hölle schicken. Wobei Hölle ein dehnbarer Begriff ist – er umfasst alles, was deinen Figuren Schlimmes zustoßen kann. Sei es nun Ärger auf dem College, Vampire in Schottland oder eine verlorene Liebe. Deiner Fantasie sind keine Grenzen gesetzt. Denn nur wenn deine

Held:innen mit Katastrophen konfrontiert werden und Hindernisse überwinden, können sie wachsen. Dein Plot muss die handelnden Figuren an ihre Grenzen bringen, damit sie ihr **Ziel** erreichen können.

Während dieser Reise lernen deine Figuren – sie lernen sich selbst besser kennen, sie lernen ihre Wünsche und Träume besser kennen. Aber vor allem wissen sie am Ende ihrer Reise, was sie wirklich wollen. Du schickst deine Charaktere mit einem Anfangsziel los – und daraus wird ein Wunschziel. Deine Held:innen finden am Ende heraus, dass das, was sie ursprünglich einmal wollten (das sogenannte **want**) oder begehrten, nicht notwendigerweise das ist, was sie wirklich brauchen (das **need**). Hierbei gilt es jedoch zu beachten, dass die Entwicklung einer Figur zu ihr passen muss und sich aus den Geschehnissen in deiner Geschichte ergibt.

Doch damit haben deine Held:innen noch immer nicht genug gelitten. Damit sie an den Katastrophen wachsen, braucht eine ausgewogene Geschichte einen **Gegenpol** oder eine:n **Gegenspieler:in**. Das sorgt für Konfliktpotenzial und somit für Spannung. Gut ausgearbeitete **Antagonist:innen** sind ebenfalls runde Figuren mit einem starken Motiv, das allerdings entgegengesetzt zu dem unserer Hauptfiguren ist. Diese Gegenspieler:innen halten den Konflikt aufrecht und offenbaren die Motive, Ansichten, Stärken und Talente der Held:innen.

Gegenspieler:innen müssen auch nicht zwangsläufig Personen sein, sondern können unsere Hauptfigur beispielsweise auch in Form einer Sucht oder Naturkatastrophe herausfordern. Wichtig ist, dass sie die Held:innen in Konfliktsituationen und Zwangslagen bringen, die deren Schwächen bloßlegen – doch unsere Hauptfiguren kämpfen sich heroisch daraus hervor.

WARUM SIND KONFLIKTE SO WICHTIG?

- ✓ Ein Konflikt macht aus einer Schilderung eine Geschichte.
- ✓ Er ist notwendig, um unserer Hauptfigur bei der Entwicklung zu helfen.
- ✓ Er hält die Spannung aufrecht und schafft eine Verbindung zwischen Figur und Leser:in.
- ✓ Es gibt verschiedene Arten von Konflikten, denen deine Hauptfigur die Stirn bieten kann:
  - **Der persönliche Konflikt:** Held:in vs. Antiheld:in, wobei jede:r versucht, ihre:seine eigenen Pläne durchzusetzen. Zwei Kräfte prallen aufeinander und arbeiten gegeneinander, um polarisierende Ziele zu erreichen.
  - **Der äußere Konflikt:** Held:in vs. Gesellschaft. Die Hauptfigur muss sich gegen Widerstände von außen behaupten. Auch die Kräfte der Natur können hier als gewaltsamer Gegenpol auftreten.
  - **Der innere Konflikt:** Held:in vs. sich selbst. Die Hauptfigur steht sich selbst im Weg und kämpft gegen innere Dämonen.

Ein Roman wird nicht nur von einem dieser Konflikte bestimmt, sondern besteht in der Regel aus einer Mischung dieser Konfliktarten (bspw. kann ein innerer Konflikt immer einen äußeren begleiten).

»Die Charaktere sind das Herz deiner Geschichte. Entwickle sie GUT!«

MORGANE MONCOMBLE

Nun lass uns noch einmal ganz kurz und prägnant zusammenfassen, welche drei Komponenten nötig sind, um deine Figuren und deine Geschichte spannend zu gestalten: Die Hauptfigur wird gefordert und durch eine:n starke:n Gegenspieler:in zur Verwandlung gezwungen!

Außerdem haben wir hier noch ein paar Tipps von unseren LYX-Autor:innen gesammelt, wie du deine Figuren entwickeln kannst.

Wie entwickelst du deine Charaktere?

ANNA SAVAS: Das ist ganz unterschiedlich und hängt ein bisschen davon ab, welchen Ausgangspunkt ich beim Plotten habe: den Konflikt, das Setting, eine Figur oder eine ganz bestimmte Szene. Grundsätzlich mache ich mir sehr viele Gedanken über die Hintergrundgeschichten der Charaktere – was haben sie erlebt, wie hat das Erlebte ihren Charakter geprägt, wie ist der familiäre Hintergrund und welche Hoffnungen und

Träume haben meine Figuren. Daraus entwickle ich dann auch die Charakterzüge.

Allerdings hängen diese nicht nur von den Hintergründen der Figuren ab, sondern auch davon, wie ich eine Geschichte erzählen möchte. Ob sie ruhig und einfühlsam oder eher dynamisch und humorvoll sein soll. Wobei sich die Erzählweise auch aus den Figuren entwickelt. Es ist ein Zusammenspiel verschiedener Faktoren, das gar nicht so leicht zu erklären ist.

LAURA KNEIDL: Meistens habe ich mit der Idee bereits ein Gefühl dafür, wie ein Charakter sein soll. Frech. Schüchtern. Ängstlich. Entschlossen. Anschließend denke ich viel über den Charakter nach, überlege mir, wie er in gewissen Situationen reagieren würde, oder führe in meinen Gedanken Gespräche mit ihm, um ihn besser kennenzulernen.

EMMA SCOTT: Normalerweise beginne ich mit ihrer Wunde, dem »Loch in ihrer Seele«. Wie sind die Charaktere verletzt worden und was brauchen sie, um zu heilen? Darauf baue ich auf und arbeite mich in Schichten zu dem, was sie wollen – von der Welt und von ihrem Love Interest. Das sind die Grundlagen. Ihre Backstory, ihr Job und ihr Wohnort folgen erst im Anschluss.

MOUNIA JAYAWANTH: Um ehrlich zu sein, entwickeln sich die Charaktere meistens von selbst. Natürlich zeichne ich ihre Figuren vorher immer grob, gebe ihnen ein Aussehen, einen familiären Background, einen Freund:innenkreis und Hobbys. Aber der Rest – die kleinen individuellen Merkmale, die einen Menschen ausmachen – entwickelt sich meist erst im Laufe der Geschichte. Es ist total spannend, weil ich meine eigenen Figuren selbst beim Schreiben erst richtig kennenlerne.

DIALOGE

Um Figuren lebendig und deinen Text lesbar zu gestalten, sind Dialoge ein effektives Mittel. Die wörtliche Rede unterbricht den Textfluss und zeigt auf »spielerische Art« das Geschehen auf. Mit Dialogen bringst du die Leser:innen aktiv näher an die Figuren und die Handlung, kannst Beschreibungen auflockern und Gefühle direkter vermitteln. Mithilfe von Dialogen kannst du etwas aussagen, andeuten, lehren – also eine ganze Palette an Emotionen zum Ausdruck bringen.

Dialoge helfen dir auch dabei, deine Figuren zu charakterisieren, ihre Motive klarzustellen und ihre Ziele zu offenbaren. So hat jede Figur auch ihren eigenen Sprachstil oder **Duktus**. Ein fünfjähriges Kind redet vermutlich anders als ein achtzigjähriger Opa, eine Studentin aus Kiel anders als ein Bauarbeiter aus dem Ruhrpott. Die wörtliche Rede verschafft dir als Autor:in also die Möglichkeit, deine Figuren klarer und glaubhafter darzustellen und ihnen ein noch größeres Identifikationspotenzial zu verleihen.

Allerdings: Die wörtliche Rede aus Romanen ist nicht deckungsgleich mit unserer Alltagssprache. Das solltest du stets beachten. Denn Alltagssprache ist wenig strukturiert – sie kommt nie direkt ans Ziel, sondern ist mit Füllwörtern, Pausen und geschachtelten Sätzen gestreckt und nimmt vielfach auch Umwege, bis ein Gedanke zu Ende geführt wird. Aus diesem Grund würde mündliche Sprache, eins zu eins übernommen, in Büchern keinen Sinn ergeben bzw. sehr schwierig und mühsam zu lesen sein. Daher ist in Dialogen die gestraffte (quasi die lektorierte) Version der Alltagssprache zu finden.

ERZÄHLPERSPEKTIVE

Aus der Schulzeit kennst du vielleicht noch die Fragen: »Wer erzählt die Geschichte?« und »Was weiß der Erzähler?«. Die Perspektive, aus der berichtet wird, hat direkten Einfluss auf die Geschichte und bestimmt ihre Wirkung auf die Lesenden. Dabei solltest du beachten, dass der **Erzähler** nicht mit dem:der Autor:in gleichzusetzen ist, sondern die **Stimme** ist, mit der du deine Geschichte erzählst. Diese Stimme wiederum kann eine Figur aus dem Roman sein oder ein unsichtbarer Erzähler.

Aber welche Varianten stehen dir da zur Verfügung? Wir wollen dir hier einen Überblick über die wichtigsten Perspektiven bieten. Natürlich gibt es zu diesem Thema eine ganze Bandbreite von Möglichkeiten; da kann man noch viel mehr in die Tiefe gehen. Wir beschränken uns hier jedoch auf die vier bekanntesten.

ALLWISSENDER (AUKTORIALER) ERZÄHLER

- Dies ist gleichbedeutend mit der Außenperspektive, dieser Erzähler ist allwissend und kommentierend.
- Der allwissende Erzähler besitzt uneingeschränktes Wissen – über die Welt und das gesamte Figurenensemble in deinem Roman. Er weiß auch umfassend über deren Innenleben Bescheid.
- Er ist kein Teil der fiktiven Welt.
- Dieser Erzähler bietet den Leser:innen einen Wissensvorsprung gegenüber den Figuren.
- Mit ihm sind Rückblenden und Zukunftsvisionen möglich.

PERSONALER ERZÄHLER (DRITTE PERSON LIMITIERT)

- Der personale Erzähler schlüpft in die Rolle einer Romanfigur und berichtet aus deren Perspektive; er kennt also nur diese eine Innensicht und ist darauf beschränkt.
- Er weiß nicht, was in anderen Figuren vorgeht.
- Er schafft Nähe zu den Leser:innen und erzeugt somit Spannung.

ICH-ERZÄHLER (ERSTE PERSON LIMITIERT)

- ✓ Der Ich-Erzähler kann nur das erzählen, was er selbst erlebt.
- ✓ Er zeigt den Leser:innen die Welt ausschließlich aus der Sicht des Erzählers; *alles* wird lediglich aus diesem Blickwinkel wahrgenommen und bewertet.
- ✓ Die Sicht des Ich-Erzählers ist ausnahmslos subjektiv: Alle Gedanken, Gefühle, Ideen etc. beschränken sich auf das Innenleben des Erzählers.
- ✓ Der Ich-Erzähler entspricht meistens dem:der Held:in.
- ✓ Mit dieser Perspektive erzeugst du Spannung und kreierst eine starke Bindung zu den Leser:innen.

NEUTRALER ERZÄHLER

- ✓ Diese Form wird oft in Sachbüchern verwendet (wie in diesem Buch).
- ✓ Der neutrale Erzähler nimmt keine Wertung vor, die ist den Leser:innen überlassen.
- ✓ Er erzählt von außen betrachtend: Seine Darstellung ist objektiv und er »beschreibt«, statt zu erzählen.

Falls du dich jetzt fragst, welcher Erzähler am besten zu deiner Geschichte passt, sind hier ein paar Beispiele aus der Literatur, um dir die Entscheidung zu erleichtern: *Der Herr der Ringe* von J. R. R. Tolkien ist aus der Perspektive eines allwissenden Erzählers geschrieben. Dieser besitzt uneingeschränktes Wissen über Mittelerde genauso wie über die einzelnen Figuren und kann in diese hineinblicken. Wenn du eine Geschichte über eine komplexe Welt mit vielen Charakteren schreibst, ist also der auktoriale Erzähler womöglich die richtige Wahl.

In Leigh Bardugos *Das Lied der Krähen* wiederum wird ein personaler Erzähler verwendet, der aus den Perspektiven von verschiedenen Charakteren berichtet. So lernen wir Ketterdam aus unterschiedlichen Sichtweisen kennen und sind zusammen mit der jeweiligen Figur ganz nah am Geschehen.

Dir ist vielleicht schon aufgefallen, dass die meisten New-Adult-Romane einen Ich-Erzähler haben. Durch diese Perspektive sind Leser:innen so nah an der Gefühlswelt der Held:innen wie nur möglich. Das sorgt für eine starke Bindung zwischen den Figuren und Leser:innen. Wir haben eine Umfrage unter unseren LYX-Autor:innen gestartet, welche Erzählperspektive sie bevorzugen, und dabei war diese tatsächlich der klare Favorit.

Führ dir vor Augen, was du genau mit deiner Geschichte erreichen willst. Dann findest du auch den passenden Erzähler für dein Buch.

»Jede Geschichte hat ihren eigenen Ton und ihre eigene Erzählweise.«

KARA ATKIN

ALLES HAT SEINE ZEIT: IN WELCHER ZEITFORM SOLL DEIN BUCH EIGENTLICH GESCHRIEBEN WERDEN?

In erzählenden Texten hat auch die Zeitform, das **Tempus**, Einfluss auf die Wirkung deines Buchs.

Du kannst deine Story im **Präsens** schreiben, also der Gegenwartsform. Diese Zeitform geht oftmals einher mit der Form des Ich-Erzählers – damit lässt du deine Erzählung näher an den Leser:innen geschehen. Sie wirkt intensiver, direkter und schafft eine schnellere Verbindung zu den Figuren oder den Thematiken. Aber du musst eines im Auge behalten: Deine Figuren dürfen nicht mehr wissen, als die aktuelle Erzählsituation hergibt.

Außerdem kannst du dein Buch im **Präteritum**, der Vergangenheitsform, verfassen. Es ist die »klassische« Variante, mit der schon Märchen erzählt wurden (»Es war einmal …«). Diese Form ist elegant, praktisch und schafft es im Handumdrehen, dich von der Gegenwart in den Text zu ziehen. Mit diesem Tempus ist allerdings die Distanz zwischen Lesenden und den Figuren größer.

STIL

Neben Figuren und Handlung gibt es noch ein Element, das von entscheidender Bedeutung ist, wenn du Bücher schreiben willst. Ganz genau: der **Schreibstil**. Der Stil ist das unverwechselbare Aushängeschild für dich als Autor:in. Dabei ist es egal, ob du lieber blumig und wortreich erzählst oder in knappen Sätzen skizzierst. Alles ist erlaubt, denn *dein* Stil trägt deine Figuren und deine Handlung und zaubert den Leser:innen Bilder in den Kopf.

Guter Stil kann in ganz verschiedenen Ausprägungen daherkommen, was er jedoch leisten muss, ist: Alle Sinne der Leser:innen bedienen. Du als Autor:in bist dafür verantwortlich, die Lesenden durch die Geschichte zu führen – und sie wollen dabei riechen, schmecken, hören und letztendlich sehen. Deshalb sei konkret:

- ✔ Es gibt keinen Nachtisch, sondern Schokopudding.
- ✔ Es wird kein Getränk serviert, sondern Kaffee.
- ✔ Da fliegt kein Vogel, sondern ein Rotkehlchen.
- ✔ Es riecht nicht gut, sondern nach frisch gewaschener Wäsche.
- ✔ Du hörst keine klassische Musik, sondern Beethoven.

Das heißt, du berichtest nicht nur, was gerade in einer Szene vorgeht, sondern du führst es vor Augen. Dieses Konzept nennen wir **Show, don't tell**. Das ist eine wunderbare Methode, um anschaulich zu zeigen, was geschieht. Du lässt es die Leser:innen spüren und erfahren. Du sagst nicht nur, was beispielsweise eine Figur empfindet, sondern du zeichnest mit deinen Worten ein Bild. Kopfkino, eben.

Show	Don't tell
In Odas Gesicht schien die Sonne aufzugehen. Ein strahlendes Lächeln, das von Ohr zu Ohr reichte, entblößte ihre perlweißen Zähne.	Oda war glücklich.
In Thyras Magen bildete sich ein großer Klumpen, der bleischwer zu werden schien. Ihre Kehle zog sich zusammen und Tränen sammelten sich in ihren Augen.	Thyra war traurig.
Finster starrte Kjell sein Gegenüber an. Er ballte die Fäuste so fest, dass seine Knöchel weiß hervortraten. Es fehlte nur noch ein Funken, und er würde explodieren.	Kjell war wütend.
Diego wollte seinen Augen nicht trauen! Sein Mund stand sperrangelweit offen, während seine Augenbrauen so weit nach oben schossen, dass sie beinah seinen Haaransatz erreichten.	Diego war geschockt.

Genauso kannst du auch **Synonyme** einsetzen, das heißt Worte, die dieselbe Bedeutung haben und im Text austauschbar sind. Du kannst diese Begriffe bewusst wählen, um eine Emotion zu transportieren oder eine Handlung konkreter darzustellen. Wie zum Beispiel bei dem Wörtchen »sagen«: Du kannst Leser:innen einen konkreteren Eindruck vermitteln, indem jemand stattdessen »ruft«, »erklärt« oder »plaudert«.

Nutz starke Verben: Deine Verben müssen »schwitzen«. Sie sollen den Text aktiv gestalten, ihn nicht träge machen, sondern lebendig wirken lassen. Probier die Wirkung solcher Verben ruhig einmal aus:

Die Person auf dem Fahrrad kam den Berg hochgefahren.	VS	Der Radler strampelte bergauf.

Außerdem ist es sinnvoll, sich sprachlich möglichst nah an deinen Leser:innen zu orientieren. Schreib authentisch, schreib verständlich, und definier deine Zielgruppe, also die Menschen, die du mit deinen Texten erreichen willst. In einem Thriller wirst du eine »erwachsenere« und vielleicht derbere Sprache verwenden als in einem Kinderbuch, in dem ein knuddeliger Igel die Hauptfigur ist. In Sachbüchern nutzt du eine andere Ansprache als in einem High-Fantasy-Roman. Sei dir also bewusst, für wen du in welchem Kontext schreiben möchtest.

Außerdem solltest du in der Sprache klar und einfach sein und dennoch elegant. Die Lesenden müssen durch deinen Text hindurchgleiten, ohne Stolpersteine. Das kann eine Herausforderung sein, denn schöne Sprache ist oftmals auch schwere Sprache. Wie schon der Schriftsteller Johannes Mario Simmel sagte: »Je leichter ein Buch zu lesen ist, desto schwerer wurde es geschrieben.« Doch je länger du dich mit Stil, Sprache und Texten beschäftigst, desto einfacher wird es dir mit jedem Wort fallen. Nur Mut!

> »Authentisch und gut zu schreiben ist hart. Wenn es dir das trotzdem wert ist, bist du wahrscheinlich auf dem richtigen Weg.«
>
> EVIE DUNMORE

Es gibt im Gegenzug natürlich auch einige **Don'ts**, die du in Texten eher vermeiden solltest:

- ✓ Lass Füllwörter weg
- ✓ Vermeid Floskeln
- ✓ Versuch passive Satzstrukturen, Adjektive und Superlative so sparsam wie möglich zu verwenden
- ✓ Verzichte auf umständliche Schachtelsätze
- ✓ Umgeh Nominalstil (zu viele Substantive) sowie Ausdrücke, die Beamtendeutsch ähneln
- ✓ Vermeid (allzu) komplizierte Ausdrücke
- ✓ Versuch ausufernde Weitschweifigkeit zu umgehen: zu viele Worte für allerkleinste Kleinigkeiten, welche die Handlung nicht voranbringen und den Text verwässern

Nichtsdestotrotz gibt es immer Ausnahmen von der Regel – denn als Autor:in ist es quasi deine Pflicht, mit der Sprache zu spielen, ihre Grenzen auszutesten und deine Intentionen hervorzuheben. Lass dich nicht einschränken, aber erkenn auch deine stilistischen Grenzen. Doch, vor allem, lass dir niemals den Spaß nehmen, mit Worten zu jonglieren und damit deinen ganz eigenen Text zu erschaffen!

»Entwickle ein Gefühl für deinen eigenen Schreibstil. Kannst du besonders gut Dialoge schreiben oder vielleicht eher gefühlvolle innere Monologe? Schreibst du eher blumig oder mit trockenem Humor? Find all das über dich heraus und hab keine Angst, am Anfang auch mal zu scheitern.«

KIM NINA OCKER

WIE FINDE ICH EINEN ANFANG?

Selbst mit all dem theoretischen und praktischen Wissen, das du dir als Schriftsteller:in über die Zeit vielleicht angeeignet hast, kann es passieren, dass du vor deinem PC sitzt und auf die erste leere Seite starrst, ohne zu wissen, wie du anfangen sollst. Diese »Angst vorm weißen Blatt« ist nichts Neues. Schon die Romantiker:innen haben sich mit diesem Problem herumschlagen müssen, zumindest waren sie die Ersten, die diese Angst in Worte gefasst haben. Aber keine Sorge, du kannst dieses weißblättrige Monstrum besiegen!

Stephen King gibt dafür einen so schlichten wie genialen Tipp: **»Wenn ich gefragt werde ›Wie schreiben Sie?‹, antworte ich, ohne zu zögern: ›Ein Wort nach dem anderen‹.«**

Klingt irgendwie zu einfach? Ist es aber tatsächlich gar nicht. Lass dich nicht unter Druck setzen, sondern schreib einfach auf, was dir in den Sinn kommt. Lass es fließen, der Anfang kommt dann ganz von selbst. Vor allem: Du kannst immer wieder dorthin zurückkommen und ausbessern, umformulieren oder ganz neu schreiben.

»Nicht zu viel nachdenken und jeden einzelnen Satz analysieren. Beende das Buch – korrigieren kannst du später immer noch.«

APRIL DAWSON

Und wenn du so gar keinen Anfang finden magst, dann beginn doch einfach in der Mitte. Oder füll die leere Seite erst einmal mit Stichworten oder Satzfragmenten. Die Hauptsache ist, du, deine Finger und deine Muse kommen in Schwung. Achte dabei auch gar nicht auf Grammatik und Rechtschreibung, sondern tipp drauflos und lass deinen Fingern freien Lauf.

»Fang einfach an. Es gibt nicht ›den‹ einen ersten Schritt. Wenn dir eine Handlung, eine Figur oder ein Satz im Kopf herumgeistert, dann schreib es auf, ohne dir groß Gedanken über die richtige Reihenfolge zu machen. Wichtig ist, überhaupt zu starten und die ganzen Selbstzweifel beiseitezuschieben.«

MOUNIA JAYAWANTH

Wenn du so gar nicht in den Schreibfluss kommst – und das kann durchaus passieren, mach dich deswegen keinesfalls verrückt! –, gibt es Übungen, die dich dabei unterstützen können, die Muse ein bisschen auf Trab zu bringen. Du kannst die Schreibübungen natürlich auch einfach dafür nutzen, deine Vorstellungskraft anzukurbeln.

[Übung]

Übung 1: Assoziatives Schreiben

Hierbei geht es darum, deine Gedanken frei fließen zu lassen, ohne dass du dir irgendwelche Einschränkungen auferlegst. Notier dir, was dir als Erstes in den Sinn kommt – wirklich, egal was! –, und schreib drauflos. Halt alles fest, was dir zu diesem Gedanken einfällt, das können Ideen, Wünsche, Sorgen, sämtliche Assoziationen, die du dazu hast, und vieles mehr sein. Wichtig ist, dass du am Stück schreibst und dranbleibst, um deine kreativen Kräfte in Schwung zu bringen. Probier es ruhig aus – mal für fünf Minuten, für zehn und dann für fünfzehn Minuten. Die Welt deiner Vorstellungskraft steht dir offen!

Oder such dir drei zufällige Wörter und beginn, sie in eine Geschichte einzuweben – und dann schau einfach, wohin deine Fantasie dich treibt.

Übung 2: Writing Prompts

Writing Prompts sind Sätze oder kurze Szenenvorgaben, die deine Schreibmuskeln aktivieren sollen. Prompts können aus allen Bereichen des Lebens stammen. Das ist im Grunde sehr simpel: Aus einer Handvoll Beispielsätze, die wir zusammengestellt haben, suchst du dir einen aus und verfasst eine kleine (oder große) Geschichte dazu. Das kann dir helfen, in den Schreibfluss zu kommen, ein Gefühl für Dynamiken zu entwickeln oder – wenn du vielleicht bei deiner geplanten Story feststeckst – schlicht den Kopf frei zu kriegen.

- Das erste Weihnachten, an das er sich erinnern konnte, war sein schönstes.
- Das war es nicht wert gewesen, dieses Buch zu stehlen.
- Mit diesem verschlissenen Kleid und den abgetragenen Schuhen konnte sie keinesfalls rausgehen.
- Sie öffnete ihre Handtasche und kippte den gesamten Inhalt auf den Boden.
- Er hielt den Atem an, als die Schritte immer näher kamen.
- Als sie daheim ankam, bemerkte sie, dass alle Vorhänge geschlossen waren.
- Sie haben sich auf einer Online-Dating-Plattform kennengelernt.
- Ein arroganter Prinz muss ausziehen, um ein Monster zu bekämpfen, einen magischen Ring finden und an einem Ball teilnehmen, um eine Hexe auszutricksen.
- Die Göttin des Krieges sagte Frieden voraus.
- Seltsame Symbole waren in dem Zugabteil an die Wände geschmiert.
- Es ist die Nacht vor deiner Hochzeit, und du musst dir endlich eingestehen, dass du deine:n Partner:in nicht liebst und schon gar nicht heiraten kannst.
- Du hast ein Tier gefunden, das wie keines aussieht, das du von unserer Welt kennst. Was tust du?

DER ERSTE UND DER LETZTE SATZ

Wie wertvoll und wegweisend der Einstieg und der Abschied aus einem Buch sind, lässt sich nicht in Worte fassen … oder, halt, Sekunde! Doch! Genau das sollten wir können.

Der erste Satz deines Buches ist in der Tat wichtig, ist er doch gewissermaßen das Lockmittel für deine Leser:innen. Der erste Satz soll neugierig machen, auf deine Geschichte einstimmen und ins Geschehen hineinziehen. Der letzte Satz ist wiederum das, was nach dem Ende der Lektüre in deinen Leser:innen nachhallt. Er geleitet sie zur Tür hinaus, und was bleibt, sind Emotionen der unterschiedlichsten Art – ob versöhnlich, wehmütig, fröhlich, melancholisch, erleichtert oder spannend. **Cliffhanger** sind hierbei ein gern genutztes Stilmittel, das heißt, das Ende ist so offen und dramatisch gestaltet, dass es die Neugier der Lesenden darauf weckt, wie es weitergeht. Du hast es in der Hand, das zu erreichen und – innerhalb einer Reihe – die Lesenden bei der Stange zu halten. Ähnliches gilt natürlich auch für erste und letzte Sätze in den Kapiteln.

Wir haben hier einige gute Hinweise und Ratschläge unserer Autor:innen zusammengetragen, die du dabei beherzigen kannst.

Wie findest du den perfekten ersten Satz bzw. den perfekten letzten Satz?

EVIE DUNMORE: Bisher kamen die ersten und letzten Sätze alle einfach so zu mir. Aber es ergibt schon Sinn, mit den stärksten Sätzen einen Absatz zu beginnen und auch zu beenden. Der erste Satz sollte den Ton angeben und die Leser:innen ins Geschehen ziehen; der letzte Satz Lust auf den nächsten Absatz machen, indem man z. B. ein verschärftes Dilemma, eine neue Frage oder eine unvorhergesehene Entwicklung aufwirft.

MORGANE MONCOMBLE: Das ist SO schwer! Ich versuche immer mit meinem ersten Satz eine ganz bestimmte Wirkung zu erzielen – entweder soll er traurig sein oder die Leser:innen zum Lachen bringen. Beim letzten Satz wähle ich dann eher etwas aus, das Hoffnung vermitteln soll – oder ein ganz offenes Ende.

SARAH SPRINZ: Ich finde sie nicht, ich warte, bis sie *mich* finden. Im Idealfall passiert das schon, während ich einen ausführlichen Szenenplan für eine neue Geschichte erstelle. Ansonsten habe ich ein Problem, denn einfach so drauflos zuschreiben, ohne meinen exakten Start- und Endpunkt zu kennen, stresst mich total. Der letzte Satz ist mir dabei besonders wichtig. Ihn lege ich auch immer schon ganz zu Beginn fest. Während der Arbeit am Rohmanuskript ist er das Ziel, auf das ich hinschreibe.

YVY KAZI: Meist bin ich auf der Suche nach Anfängen, die neugierig machen oder irritieren. Vielleicht ist der erste Satz eine Frage? Oder ein Gedanke, der ohne Kontext zunächst verwirrend klingt, aber eine der Haupteigenschaften des erzählenden Charakters widerspiegelt. Beim letzten Satz hingegen versuche ich, Worte zu finden, die uns beim Schließen des Buches mit einem versöhnlichen Gefühl zurücklassen – und gern greife ich den Titel des Buches noch einmal auf, wenn es sich ergibt. Schlussendlich ist es aber immer der erzählende Charakter, der für mich findet, wonach ich suche.

NORMSEITE

Eine Größe oder eine Einheit, über die du als Autor:in immer wieder stolpern wirst, ist: die Normseite.

Diese **Standardmanuskriptseite**, wie man sie auch formschön nennt, ist die Währung, mit der Verlage, Autor:innen, Übersetzer:innen oder Lektor:innen arbeiten. Mittels der Normseite wird die Manuskriptlänge bestimmt, der Text abgerechnet und die Leistung der Beteiligten bemessen und entsprechend honoriert.

Warum genau ist nun die Normseite für dich als Autor:in so relevant? Eigentlich ist die Antwort recht simpel: Sie macht dein Manuskript »berechenbar«. Als Verlagsautor:in wirst du zwar in den seltensten Fällen nach Seitenpreis bezahlt (anders als vielleicht Übersetzer:innen oder Lektor:innen), aber den Lektor:innen, die deinen Text prüfen, gibt die Anzahl der Normseiten einen ersten Anhaltspunkt, wie lang dein Buch in gedruckter (oder digitaler) Form ungefähr sein wird. Dies wiederum hilft den Verlagen bei der Planung und Vorbereitung der Bücher.

Hast du darüber hinaus eine feste Normseitenzahl mit dem Verlag abgesprochen, die du später als Autor:in abliefern sollst, dann ist eine solche Formatierung hilfreich für dich, beim Schreiben den Überblick zu bewahren, wie viel noch vor dir liegt oder was du bereits geschafft hast.

Natürlich ist es kein Zwang, dein Manuskript in Normseiten zu kleiden, wenn du es bei Verlagen einschickst – aber es ist durchaus ein Plus. Kein Verlag wird dein Buch ablehnen, weil es nicht »ordnungsgemäß« formatiert ist – die inneren

Werte zählen definitiv immer mehr als das äußere Gewand! Doch ein Text, der in Normseiten kommt, hilft den Lektor:innen tatsächlich beim Lesen und Beurteilen.

Wie sieht eine solche Normseite denn nun eigentlich aus? Eine Normseite umfasst theoretisch **1800 Zeichen** inklusive Leerzeichen. Diese sogenannte Gesamtzeichenanzahl ist keine zufällige Vorgabe, sondern ergibt sich aus dem Normvertrag, den der *Börsenverein des Deutschen Buchhandels* 1992 mit dem *Verband deutscher Schriftsteller* geschlossen hat. Hier einigte man sich auf **60 Anschläge à 30 Zeilen**. Daraus erwachsen dann rein rechnerisch ebendiese 1800 Zeichen. In der Praxis ist das jedoch nicht immer haargenau umsetzbar, da vielleicht nicht jede Zeile bis zum letzten Zeichen ausgefüllt ist oder sich andere Unwägbarkeiten durch beispielsweise Headlines oder Kapitelnummern ergeben – ein Text ist eben meist etwas organisch Gewachsenes, das sich nicht in allzu starre Formen gießen lässt. Trotzdem stellen diese Angaben hilfreiche Anhaltspunkte dar.

Um eine Normseite allerdings umfassend erstellen zu können, ist neben den Seitenrändern und dem Zeilenabstand auch die genutzte Schriftart sehr wichtig. Es ist erforderlich, eine Schrift auszuwählen, die **Serifen** aufweist. Serifen sind die »Füßchen«, also die kleinen An- und Abstriche, die an den Buchstaben zu finden sind. Diese Striche machen den Text einfacher lesbar, da die waagerechten Füßchen dem Auge helfen, sich entlang der Zeilen zu orientieren.

Darüber hinaus muss es sich bei der Auswahl auch um eine **nichtproportionale** Schriftart handeln. Das bedeutet, alle Buchstaben nehmen auf der Seite den gleichen Platz ein. Das A ist genauso breit wie das O, ebenso weisen L, Y und X keine großen raumgreifenden Unterschiede auf.

In einem Großteil der Schreibprogramme sind solche

Normseiten voreingestellt und einfach auswählbar. In Word oder Open-Source-Programmen kannst du dir die Seiten manuell einrichten. So viel zur Theorie – aber wie sieht eine Normseite denn nun aus?

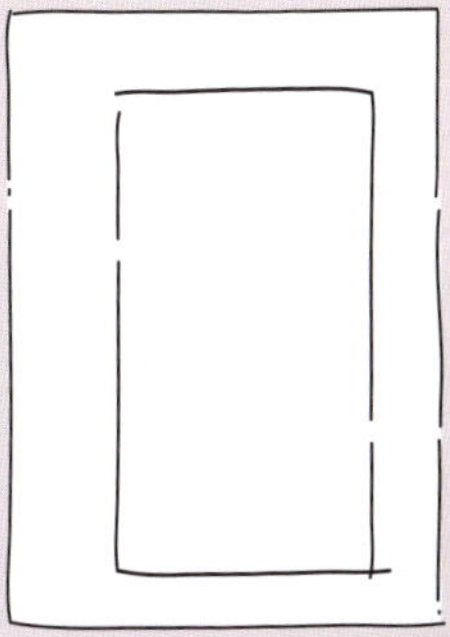

DIE SEITENRÄNDER:

Oben: 2,19 cm
Unten: 1,78 cm
Links: 3,17 cm
Rechts: 2,54 cm

DAS LAYOUT:

- ✓ Eine Schriftart mit Serifen, wie bspw. Times New Roman oder `Courier New`
- ✓ Schriftgröße: 12 Punkt
- ✓ Zeilenabstand: 1,5
- ✓ Linksbündig
- ✓ Flattersatz
- ✓ A4-Format, Hochformat
- ✓ Keine Worttrennungen
- ✓ Absatz ist in der 1. Zeile immer eingerückt
- ✓ Seitenzahlen einfügen

Wie lang ist dein längstes Buch?

480 Seiten

MORGANE MONCOMBLE

494 Seiten

ANNE PÄTZOL

470 Seiten

KARA ATKIN

450 Seiten (auf Englisch)

BRITTAINY C. CHERRY

432 Seiten

APRIL DAWSON

415 Seiten (auf Englisch)

EMMA SCOTT

410 Seiten

AVA REED

400 Seiten (auf Englisch)

EVIE DUNMORE

512 Seiten
(Der letzte erste Kuss)
BIANCA IOSIVONI

528 Seiten
SARAH SPRINZ

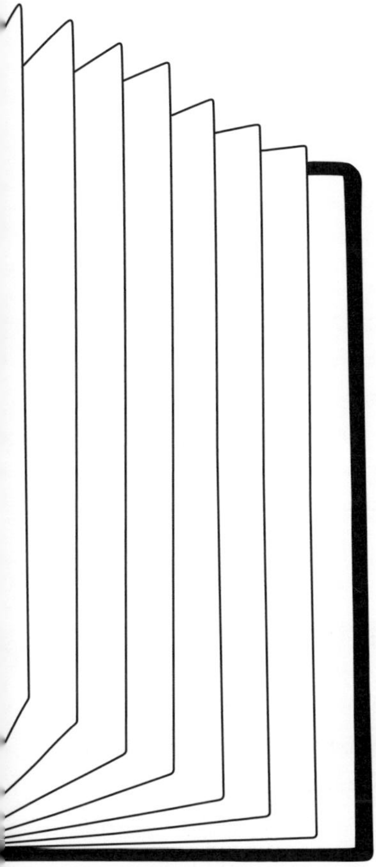

544 Seiten
ANNA SAVAS

576 Seiten *(Worlds Collide)*
ANABELLE STEHL

600 Seiten
MOUNIA JAYAWANTH

668 Seiten
YVY KAZI

701 Seiten
KIM NINA OCKER

800 Seiten
LAURA KNEIDL

WIE LANG SOLL EIN BUCH SEIN? WIE LANG EIN KAPITEL?

Auf diese Fragen gibt es gar keine so wirklich pauschalen Antworten. Es hängt alles von dem entsprechenden Genre, deiner Zielgruppe, deinem Erzähltempo und natürlich von deinen persönlichen Vorlieben ab. Darüber hinaus hat selbstverständlich auch die Art und Weise, wie dein Buch gesetzt ist, Einfluss auf den Umfang. Sind Schriftgröße und Zeilenabstand größer oder gibt es zusätzlich noch Illustrationen, legt auch der Umfang zu.

Ein Kinderbuch wird naturgemäß kürzer ausfallen, da die Aufmerksamkeitsspanne der jungen Zielgruppe noch nicht ganz so hoch ist. Der Umfang wächst dann gewissermaßen mit den Lebensjahren, und im Schnitt sind Romane, die sich an ein Publikum für (junge) Erwachsene richten, zwischen 300 und 500 Seiten lang. Die Umfänge bei historischen Romanen, Science-Fiction-Büchern oder High Fantasy sind jedoch tendenziell etwas höher, da die Welten dort gern komplexer gestaltet werden und oft mehr Platz für die Erklärung und Einführung erforderlich ist.

Doch selbst innerhalb eines Genres können die Kapitellängen und die Umfänge variieren. In der Fantasy findest du Bücher, die zwischen 300 Seiten und »epischer Buchregalbreite« rangieren – manch ein:e Autor:in schafft es, mit knappen Worten die Szenarien zu skizzieren, andere wiederum benötigen durch ihre blumigere Sprache mehr Platz (ergo mehr Seiten). Das ist aber alles eine Frage des persönlichen Stils, und es wird sich mit der Zeit herauskristallisieren, was dir mehr liegt.

»Die Seitenanzahl meiner Kapitel ist von Buch zu Buch unterschiedlich. Ich halte mich da nie an irgendwelche Regeln.«

BRITTAINY C. CHERRY

Für Kapitel gilt Ähnliches. Du kannst die Länge deiner Kapitel zum Beispiel auch nutzen, um das **Erzähltempo** zu erhöhen. Schreibst du vielleicht einen actionlastigen Krimi, wirst du eher kurze und schnell aufeinanderfolgende Kapitel wählen, um die Hektik einer Jagd widerzuspiegeln. Bei einer Familiensaga können die Kapitel wiederum etwas in die Länge gezogen werden – da sind bildhafte Beschreibungen ein gern gesehenes Stilmittel.

Im Grunde entscheidest also du, wie du deine Geschichte erzählen willst, und beeinflusst mit dieser Entscheidung nicht nur den Buch- und Kapitelumfang, sondern auch die Atmosphäre und den Charakter deines Buches.

Wie viele Seiten haben deine Kapitel im Durchschnitt?

Von 1 bis über 50 Seiten war schon alles dabei.
SARAH SPRINZ

5 bis 7 Seiten
MOUNIA JAYAWANTH

8 Seiten
KIM NINA OCKER

9 bis 10 Seiten
APRIL DAWSON

10 KARA ATKIN
10 ANNA SAVAS

10 bis 14 Seiten
MORGANE MONCOMBLE

8 bis 12 Seiten AVA REED

zwischen 12 und 16 Seiten
ANABELLE STEHL

In der *Love-NXT*-Reihe und bei *Right Here* ca. 10 bis 20. Bei *Right Now* 5 bis 10.
ANNE PÄTZOLD

Ich habe sehr kurze Kapitel (200 Wörter) und sehr lange (8 000 Wörter), aber in der Regel um die 3 000 Wörter.
LAURA KNEIDL

zu viele
YVY KAZI

MOTIVATION

Während des Schreibprozesses kann es schon mal passieren, dass du eine längere Durststrecke durchlebst. Plötzlich stellst du dir vielleicht die Frage, weshalb du das Ganze überhaupt machst. Die Worte wollen sich nicht mehr so richtig aneinanderfügen, und sowieso ist alles doof.

Solche Momente erfährt jede:r Autor:in – und sie sind für alle frustrierend. Aber mach dir immer bewusst: Ein Buch zu schreiben und eigene Erfahrungen in diesem Bereich zu sammeln, braucht Zeit und einen langen Atem. Durchhalten und dranbleiben lautet die Devise. Doch manchmal kann man all die Leidenschaft und die positiven Gefühle, die einen zum Schreiben gebracht haben, durchaus aus den Augen verlieren.

Dann solltest du dir selbst die folgenden Fragen stellen: Warum liest du? Erinnere dich, weswegen du Bücher liebst; was dein Herz zum Klopfen bringt, wenn du an schöne Romane denkst. Was willst du erzählen und Menschen wissen lassen? Was gefällt dir so gut an Geschichten? Welche Held:innen möchtest du der Welt zeigen, welche Abenteuer sollen sie erleben? Lass dir das alles in Ruhe durch den Kopf gehen – und am Ende findest du ganz sicher wieder zurück zu den Gründen, die dich überhaupt zum Schreiben gebracht haben.

FÜHRE DIR ALL DIE GRÜNDE, EIN BUCH ZU SCHREIBEN, VOR AUGEN. SIE SIND KUNTERBUNT UND VIELFÄLTIG:

1. Es macht Spaß.
2. Du lernst etwas Neues.
3. Es tut dir gut.
4. Du kannst deine Fantasien zum Leben erwecken.
5. Es hilft dir, dem Alltag zu entfliehen.
6. Du kannst unbekannte Welten erschaffen und dorthin reisen.
7. …

Das sind nur ein paar Ideen; sicherlich findest du noch ganz persönliche Gründe, die dich zum Schreiben motivieren. Setz dich ruhig damit auseinander, was du willst und was du nicht willst. Wo liegen deine Stärken? Was liebst du, was hasst du? Geh hinaus in die Welt und halt Ausschau nach Inspiration.

Das Wichtigste jedoch ist: Glaub an dich selbst! Und sag dir immer wieder, dass es dir gelingen wird, deine Geschichte zu beenden, weil sie dir so am Herzen liegt.

Welche Tipps zur Motivation kannst du angehenden Autor:innen geben?

BIANCA IOSIVONI: Schreiben muss und wird nicht immer Spaß machen. Deine Geschichte hat es trotzdem verdient, erzählt zu werden, also schreib sie auch an schwierigen Tagen.

BRITTAINY C. CHERRY: Mach Pausen, wenn du sie brauchst. Sei nicht so hart zu dir selbst. Sei dein eigener Cheerleader, und erinnere dich immer daran, dass du auch mit schwierigen Situationen fertigwirst. Mach immer weiter. Schau dir Dinge an, die dich inspirieren, dann findest du vielleicht auch deine eigene Inspiration.

EMMA SCOTT: Sport machen und lesen. Beim Sport wird dein Kreislauf angeregt und dein Kopf kommt auf neue Ideen. Beim Lesen siehst du, welche Geschichten es dort draußen schon gibt, und das hilft dir dabei herauszufinden, welche du noch zur Welt der Bücher hinzufügen möchtest.

APRIL DAWSON: Hör Musik, geh spazieren, rede mit anderen Menschen und lass dich von deren Lebensgeschichte inspirieren. Das Leben steckt voller Geschichten, und die warten nur darauf, dass genau du sie hörst und sie dich beflügeln. Schau Filme und Serien und lies so viel du kannst. Vielleicht schaffst du es so, die richtige Motivation für dein Buch zu bekommen.

EVIE DUNMORE: Ignorier die »10-Tipps-von-erfolgreichen-Autor:innen«-Listen – kenn deine individuellen Stärken und Schwächen, denn die werden beim Schreiben in geballter Form zum Tragen kommen.

SARAH SPRINZ: Stell dir vor, eine fünf Jahre ältere Version deiner selbst steht vor dir. Was hat sie erreicht? Wie ist ihr das gelungen? Wie sollten deine Prioritäten am heutigen Tag aussehen, um ihr einen Schritt näher zu kommen?

YVY KAZI:

1.) Sich nicht zu viel mit anderen vergleichen. (Weil ich oft den Eindruck habe, dass Vergleiche der Motivationskiller Nummer eins sind.)
2.) Sich immer daran erinnern, dass geschriebene Worte nicht in Stein gemeißelt sind. Keine Rohfassung muss perfekt sein.
3.) Den Spaß am Schreiben nicht verlieren und sich vor Augen halten, warum man eine Geschichte begonnen hat bzw. wieso das eigene Herz daran hängt. (Nur wenn wir selbst dafür brennen, können wir ein Feuer in anderen entfachen.)

KARA ATKIN: Erinnere dich immer daran, dass niemand deine Geschichte so schreiben kann wie du und dass es irgendwo auf dieser Welt eine:n Leser:in gibt, die:der genau das hören muss, was du zu sagen hast.

LAURA KNEIDL: Ich glaube inzwischen nicht mehr an Motivation, denn sie ist etwas sehr Flüchtiges und Abstraktes. Ich glaube an Entschlossenheit und Routine. Wenn du ein Buch schreiben möchtest, schaff dir Rituale und Zeit im Alltag. Es ist anfangs schwer, aber wenn du dir jeden Tag eine Stunde vor der Schule oder Arbeit Zeit nimmst, um dein Buch zu schreiben, wird es irgendwann zur Gewohnheit, dann ist Motivation nebensächlich. Dann ziehst du dein Ding einfach durch, so wie du jeden Tag deine Zähne putzt, ohne darüber nachzudenken, ob du dich motiviert fühlst, dich vors Waschbecken zu stellen.

KIM NINA OCKER: In den meisten Fällen ist es ein langer und manchmal auch ziemlich steiniger Weg, bis man sein erstes Buch in der Hand hält oder es in der Buchhandlung findet. Auf der anderen Seite hat jede Geschichte, die du schreibst, das Potenzial, irgendjemandes Lieblingsbuch zu werden. Solange das Schreiben dir Spaß macht, gibt es keinen Grund, damit aufzuhören!

SCHREIBBLOCKADE

Schreibblockaden sind gewissermaßen das Kryptonit aller Schriftsteller:innen. Die Ursachen dafür können vielfältig sein: Die Angst vorm weißen Blatt, der Kopf fühlt sich einfach leer an und die Ideen wollen nicht sprudeln, die Angst vor Ablehnung, das Plotting stockt oder das Schreiben an sich ist einfach mühselig. Alles ganz und gar nicht schön – das kann sogar richtig frustrierend sein.

Leider kann man die Muse nicht dazu zwingen, ihren Job zu erledigen. Diese Musen sind da recht eigen. Gerätst du also mal in die Schreibblockaden-Falle, hilft als Allererstes: Tief durchatmen!

Lass die nervige Situation einfach hinter dir und mach eine Pause. Die Dauer der Pause kann variieren, manchmal braucht es vielleicht sogar ein paar Tage, um den Kopf wieder frei zu kriegen. Setz dich auf keinen Fall unter Druck, irgendetwas tun zu *müssen* – das geht häufig nach hinten los und dein Geist blockiert noch mehr. Vielleicht möchtest du ja unsere **Übungen zum Assoziativen Schreiben** oder den **Writing Prompts** ausprobieren, um deine Muse anzustupsen?

Womöglich kannst du herausfinden, wo genau die Blockade liegt? Dabei ist es von Nutzen, seinen Kopf frei zu bekommen, um die Situation neu zu bewerten und zu analysieren. Dazu kannst du rausgehen in die Natur oder Freunde treffen. Du kannst Sport machen, shoppen gehen oder einen Kuchen backen. Tu, wonach dir der Sinn steht – wichtig ist, dass du Abstand zu deinem »Problem« bekommst, um dich diesem später wieder mit neuer Energie zu stellen.

Du kannst auch überlegen, ob deine äußeren Umstände angepasst werden müssen: Lassen sich die Schreibzeiten, die du festgelegt hast, mit deinem Tagesrhythmus vereinbaren? Oder hemmt dich dein Schreibort? Womöglich fließen auf der Couch die Worte leichter als am Schreibtisch? Schau, was passiert, wenn du diese Faktoren änderst.

Kommst du beim Strukturieren deiner Geschichte nicht weiter, hilft es vielleicht, noch einmal eine neue Gliederung zu erstellen. Du könntest beispielsweise eine andere Plotting-Methode ausprobieren, um deinen Blickwinkel zu verändern. Manchmal löst sich so der Knoten.

Oder du suchst in **Schreibgruppen** Unterstützung; oftmals kann der Gedanken- und Meinungsaustausch mit anderen Schreibenden sehr hilfreich sein.

Hab auf jeden Fall Mut zur Imperfektion; es muss nicht alles auf Anhieb klappen. Du hast Zeit, dich auszuprobieren und Erfahrungen zu sammeln (und zum Lesen, natürlich). Doch bitte um Hilfe, wenn du merkst, dass du allein nicht weiterkommst.

Hast du Tipps, um eine Schreibblockade zu überwinden?

EMMA SCOTT: Für mich bedeutet eine Schreibblockade nur, dass ich noch nicht weiß, wie es in meiner Geschichte weitergehen soll. Wenn ich das nicht weiß, dann heißt das, dass in den vorherigen Kapiteln etwas schiefgelaufen ist, denn jedes Kapitel muss ins nächste übergehen. Also gehe ich zurück zu dem Punkt, an dem es gut gelaufen und die Geschichte geflossen ist. Meistens finde ich kurz danach etwas, das ich einen »Plot Boulder« nenne, einen Felsbrocken, der im Weg liegt. Das kann ein Kapitel, eine Szene oder ein Ereignis sein, das nicht ins Buch gehört (egal, wie sehr es mir auch gefallen mag). Sobald ich es streiche oder ausbessere, ist die Schreibblockade meist überwunden.

Aber manchmal ist eine Schreibblockade einfach ein Burnout. Wenn ich zu lange geschrieben habe, zu angestrengt, »blockiert« mich etwas. Dann muss ich Abstand gewinnen und für einen Tag eine Pause einlegen.

ANNE PÄTZOLD: Versuch herausfinden, woher die Schreibblockade kommt. Liegt es am Text? Oder an der eigenen Erschöpfung? Ich merke manchmal gar nicht, wie ausgelaugt ich bin, und möchte schreiben und schreiben und schreiben. Victoria Schwab hat einmal auf ihrem Instagram-Account gesagt, dass alle Tage Schreibtage sind: Die, an denen man nachdenkt. Die, an denen man Szenen löscht. Die, an denen man tatsächlich schreibt. Ich finde es sehr wichtig, genau das im Kopf zu behalten – man braucht nicht jeden Tag am Laptop zu sitzen, um eine Geschichte fortzuführen. Für mich sind Pausen genauso wichtig, um unbewusst alle möglichen Ideen durcharbeiten zu können, bis die eine richtige aufploppt.

BIANCA IOSIVONI: Ich glaube nicht an Schreibblockaden. Entweder man braucht eine Pause und etwas Abstand vom Projekt, oder man hat sich in eine Sackgasse geschrieben und muss den Weg zurückfinden. Beides sind Probleme, die man lösen kann – und keine unüberwindbaren Blockaden.

KARA ATKIN: Aufstehen und für zwei Stunden etwas anderes machen. Doch dann sollte man sich noch mal hinsetzen und hinterfragen, warum man jetzt an dieser Stelle hängen geblieben ist. Schreibblockaden kommen nämlich nicht von ungefähr und sind meist Symptome dafür, dass etwas mit der Geschichte oder in einem selbst gerade nicht stimmt. Eine Schreibblockade lässt sich also am besten mit einem frischen Blick und einem ehrlichen Diskurs mit sich selbst lösen. Wenn man dann immer noch nicht weiterkommt und man das Glück hat, Lektor:innen oder andere Autor:innen an seiner Seite zu haben, sollte man zum Hörer greifen und sich alles mal von der Seele reden. Frei nach dem Motto: Zwei Gehirne sind besser als eins.

SCHREIBGRUPPE

Wie eben schon erwähnt, können **Schreibgruppen** für dich als Autor:in durchaus hilfreich sein. Dadurch stehst du im direkten Austausch mit Gleichgesinnten, die dir Feedback und nützliche Ratschläge geben können oder einfach nur ein offenes Ohr haben, wenn du deinem Frust mal etwas Luft machen möchtest. Immerhin durchlebt ihr die gleichen Erfahrungen und könnt euch gegenseitig motivieren, Mut zusprechen oder euch unterstützen. Ihr habt obendrein die Möglichkeit, euch zu gemeinsamen **Schreib-Dates** zu verabreden, um konzentrierter am Text zu arbeiten oder direkte Rückmeldungen zum Geschriebenen einzuholen.

Wenn du also der Typ für solche Gruppen bist, scheu dich nicht, eine passende für dich zu finden. Du kannst sie zum Beispiel im Internet ausfindig machen, Social Media ist da eine gute Anlaufstelle für ein erstes Kennenlernen und den Austausch miteinander. Du kannst aber auch auf Buchmessen neue Kontakte mit (angehenden) Autor:innen knüpfen, oder gibt es in deinem Freund:innenkreis bereits Schriftsteller:innen, die supergern eine solche Schreibgruppe mit dir gründen würden?

Eine weitere Möglichkeit, um dich zu vernetzen – und vielleicht auch gleichzeitig zu organisieren und ein paar Ziele abzustecken – ist der **NaNoWriMo**, der *National Novel Writing Month*. Er findet jedes Jahr zwischen dem 1.11. und dem 30.11. statt, und an dessen Ende soll idealerweise eine Geschichte mit 50 000 Wörtern stehen. Deinen Plot kannst und darfst du schon vorbereitet haben, damit du umgehend loslegen kannst.

Dabei soll tatsächlich kein druckreifer Roman herauskommen, sondern eine erste Rohfassung. Aber vor allem geht es darum, sich gelöst ohne jegliche Hemmungen ans Schreiben zu machen, mit allen Teilnehmer:innen auszutauschen und sich gegenseitig zu unterstützen. Wenn du daran teilnehmen möchtest, kannst du dich auf der Seite **nanowrimo.org** kostenlos registrieren.

Was ist dir an einer Schreibgruppe so wichtig? Welche Vorteile haben Schreib-Dates für dich?

ANNA SAVAS: Mir hilft ein Schreibbuddy sehr! Eine Freundin von mir, die auch schreibt, liest jedes meiner Kapitel, sobald ich es geschrieben habe. So bekomme ich schnell ein Feedback und kann darauf reagieren – entweder indem ich das Kapitel noch einmal überarbeite, oder indem ich weiterschreibe, weil die Begeisterung so groß ist. Ich finde es superschön, jemanden zu haben, der meine Figuren und Geschichten genauso sehr liebt wie ich, und das motiviert mich wirklich sehr. Aber auch Testleser:innen, die nicht selbst schreiben, sind supermotivierend!

AVA REED: Ich schreibe oft mit guten Freund:innen und Kolleg:innen zusammen. Wir motivieren und helfen uns gegenseitig, geben Tipps, wenn es gerade nicht gut läuft, oder sind einfach füreinander da. Das macht nicht nur Spaß, sondern ist auch wirklich schön. Besonders wenn wir zusammen über Skype schreiben. So habe ich immer das Gefühl, nicht allein zu sein. Außerdem arbeite ich in diesen Worksessions oft konzentrierter und lasse mich nicht so leicht ablenken.

YVY KAZI: Ich persönlich liebe Schreibgruppen (z. B. im November während des jährlichen NaNoWriMo), Coworking-Livestreams – oder den regelmäßigen Austausch mit Autorenfreund:innen. Dabei geht es um viel mehr als gegenseitige

Motivation und Testlesen. Wahrscheinlich kennen wir alle Tage, an denen wir den Word-Count mal nicht erreichen, der Pitch auch beim fünften Versuch noch nicht rund klingen will oder wir vor Plot-Problemen stehen, für die wir allein keine Lösung finden.

Charaktere, die sich nicht ans Exposé halten? 1-Sterne-Rezension erhalten? Der »Brotjob« raubt die Energie fürs Schreiben? Auch in solchen Momenten findet man in Schreibgruppen offene Ohren. Schreib-Dates helfen mir außerdem dabei, im Mama-Alltag auch mal geplante Auszeiten einzubauen, die nur mir und meinen Charakteren gehören.

3

Der Weg zur Veröffentlichung

Du willst deine Idee, die dir im Kopf herumspukt, oder dein Manuskript nun endlich auf den Weg bringen? Du willst es in die weite Welt schicken, damit es Leser:innen finden kann?

Das ist ein sehr guter Plan! Wir wollen dir hier ein paar hilfreiche Tipps an die Hand geben, worauf du als angehende:r Autor:in achten kannst, wenn du dein Buch veröffentlichen möchtest, und aufzeigen, welche Vorteile es hat, sich bei einer Agentur oder einem Verlag zu verwirklichen.

Wie reiche ich ein Manuskript ein?

Um als Autor:in dein Manuskript bei einem Verlag oder bei einer Agentur einzureichen, gibt es ein paar formale Vorgaben, deren Beachtung durchaus sinnvoll ist. Auf diese Weise macht man es den Beurteilenden leichter, sich einen Überblick zu verschaffen.

Wir haben dir in diesem Kapitel ein paar dieser Richtlinien zusammengestellt, die allerdings nur eine unverbindliche Empfehlung darstellen. Alles kann, nichts muss – und jeder Verlag oder jede Agentur wird dich auf der jeweiligen Webseite wissen lassen, welche formalen Anforderungen es zu beachten gilt und welche Arten von Texten du genau bei ihnen einreichen kannst.

PITCH

Der Pitch – klein, aber oho.

Wenn du dich bereits damit beschäftigt hast, welche Anforderungen die Verlage an (angehende) Autor:innen beziehungsweise an die Einreichung von Manuskripten und Exposés stellen, bist du sicherlich schon einmal über den »Pitch« gestolpert.

Der **Pitch** ist ein Konzept, das ursprünglich aus der Filmbranche stammt und auch auf ähnliche Art von Werbeagenturen genutzt wird, um neue Projekte zu präsentieren – und das so knapp und pointiert wie nur möglich, damit der Geld- bzw. der Auftraggeber einen raschen Ein- und Überblick über das Projekt erhält. Denn hier gilt die Devise: In der Kürze liegt die Würze!

Die Idee, die dahintersteckt, ist die des **Elevator Pitch**: Stell dir vor, du triffst im Aufzug den:die Lektor:in, der:die unbedingt von deinem neuen Roman erfahren muss. Hier, im Fahrstuhl, bietet sich dir nun die optimale Gelegenheit, dein Manuskript anzupreisen – aber du hast nur zwanzig oder dreißig Sekunden Zeit! Eben, bis der Fahrstuhl das jeweilige Stockwerk erreicht hat.

Das heißt, du musst den Inhalt deines Buches in einem oder zwei (okay, vielleicht gehen auch drei, je nachdem wie schnell der Aufzug unterwegs ist) Sätzen wiedergeben. Dabei solltest du die Handlung bzw. das Thema auf das Allerwichtigste begrenzen. Du legst gewissermaßen den Kern deiner Geschichte frei und stellst ihn auf so spannende und anschauliche Art und Weise wie nur möglich vor. So kann sich dein Gegenüber sofort ein Bild davon machen – und du hast ihn oder sie direkt am Haken.

Der Pitch fasst also den Inhalt deines Buches in wenigen Sätzen zusammen – er ist die Essenz deines Romans, die du dramatisch, fesselnd und mitreißend präsentierst. Der Pitch ist die Visitenkarte für deinen Roman, der Türöffner für dich – ins Herz und ins Gedächtnis der Lektoratsmitarbeiter:innen.

Das klingt vielleicht knifflig, denn je kürzer und je konzentrierter eine Aussage sein soll, desto aufwendiger die Vorbereitung. Aber keine Sorge: Einen Pitch kannst du üben!

[Übung]

Nimm dir die letzten drei Romane, die du gelesen hast, oder drei deiner Lieblingsbücher und versuche, den Kern der Geschichte herauszufinden.

Überleg dir nun zu den folgenden Punkten eine Aussage:

1. Held:in
2. Beschreibung des:der Held:in
3. Setting
4. Ziel der Held:innen; Was treibt deine Held:innen an?
5. Gegenspieler:in
6. Beschreibung des:der Gegenspieler:in
7. Ziel des:der Gegenspieler:in

Lass uns das nun am Beispiel eines LYX-Buches versuchen:

Ilona Andrews, *Hidden Legacy – Das Erbe der Magie*

1. **Heldin**
   Nevada Baylor

2. **Beschreibung der Heldin**
   25, blond, älteste von drei Schwestern, Teil einer großen Familie, führt nach dem Tod des Vaters dessen Detektei weiter, sie ist Alleinverdienerin, magisch begabte Wahrheitssucherin; stark, unabhängig und loyal

3 Setting

Houston, Texas – in einer Welt, in der Magie ihren festen Platz hat und sämtliche Geschicke der Menschen bestimmt

4 Ziel

Einen wild gewordenen Feuermagier dingfest machen, der den Tod etlicher Menschen zu verantworten hat; ein Fall mit großer Tragweite, der Nevada in Lebensgefahr bringt, aber ihre Rechnungen bezahlt

5 Gegenspieler

Connor »Mad« Rogan

6 Beschreibung des Gegenspielers

Milliardär, Kriegsheld, »die Geißel Mexikos«, hochbegabter Telepath und arrogantes, sexy Arschloch

7 Ziel des Gegenspielers

Er will denselben Feuermagier und dazu die Hintermänner, die die Fäden ziehen, finden; sind da vielleicht politische Intrigen versponnen? Um zusammenzuarbeiten, müssen sich beide Kontrahent:innen zusammenraufen – obwohl sie wie Feuer und Wasser sind.

Jetzt setzen wir das alles hintereinander und haben eine kurze Zusammenfassung des Romans.

Die blonde Nevada Baylor, 25, ist die älteste von drei Schwestern, die nach dem Tod des Vaters dessen Detektei weiterführt. Sie ist magisch begabte Wahrheitssucherin, die als Alleinversorgerin ihrer großen Familie dient. Die Baylors

wohnen in Houston, Texas. Doch in dieser Welt hat Magie ihren festen Platz und bestimmt sämtliche Geschicke der Menschen. Nevada soll nun einen wild gewordenen Feuermagier dingfest machen, der den Tod etlicher Leute zu verantworten hat. Ein Fall mit großer Tragweite, der Nevada in Lebensgefahr bringt, aber ihre Rechnungen bezahlt.

Milliardär Connor »Mad« Rogan ist Kriegsheld, hochbegabter Telepath und ein arrogantes Arschloch – nur leider ziemlich sexy. Er will denselben Feuermagier und dazu die Hintermänner, die die Fäden ziehen, aufstöbern. Wurden hier vielleicht politische Intrigen versponnen? Um zusammenzuarbeiten, müssen sich beide Kontrahent:innen zusammenraufen – obwohl sie wie Feuer und Wasser sind.

Das ist doch schon ganz cool, aber es ist noch nicht das, was du brauchst, um die Verlage oder Agenturen zu überzeugen. Jetzt gilt es also umzuformulieren, zu ergänzen und – wichtig-wichtig-wichtig! – zu kürzen.

Nevada Baylor ist magisch begabte Wahrheitssucherin und Privatdetektivin, die einen wild gewordenen Feuermagier dingfest machen soll. In einer Welt, in der Magie die Geschicke der Menschheit bestimmt, ist der Fall lebensgefährlich. Dabei trifft sie auf den sexy Milliardär Connor »Mad« Rogan, einen hochbegabten Telepathen, der das gleiche Ziel wie sie hat. Um zusammenzuarbeiten, müssen sich beide Kontrahent:innen zusammenraufen – obwohl sie wie Feuer und Wasser sind.

Juhu! Das ist doch schon ein ordentliches Stück kürzer. Aber das ist noch nicht die Essenz dieses Buches, oder? Also, ein weiteres Mal den Rotstift ansetzen:

In einer Welt, die von Magie bestimmt wird, soll eine toughe Privatdetektivin einen gefährlichen Feuermagier stoppen. Ein arroganter – aber sexy – Telepath will den Mann ebenfalls finden. Die beiden müssen nun zusammenarbeiten, ob sie wollen oder nicht.

Puh, das klingt doch schon nach einem ordentlichen Abenteuer! Darum geht es also im ersten Band der *Hidden-Legacy*-Reihe.

Denk immer daran: Du willst für den Pitch das Kernelement der Story herausarbeiten. Was also packt die Leser:innen, was treibt die Handlung voran? Wo ist der Reibungspunkt bei den (Anti-)Held:innen?

Es muss im Pitch keine Auflösung des Konflikts geben. Du brauchst nicht zwingend das Ende deines Buches zu verraten. Sondern es geht darum, das Interesse deines Gegenübers zu wecken. Ähnlich wie bei einem Werbeslogan: Bezirz sie mit so wenigen Worten wie möglich, aber mit so viel Drama wie nötig!

EXPOSÉ

Das **Exposé** ist ein wichtiges Werkzeug, um deinen Roman bei einem Verlag vorzustellen – ein überzeugendes Exposé kann dir viele Türen öffnen, weswegen es sehr wichtig ist, viel Geduld und Mühe (und Spaß, ganz wichtig!) in die Erstellung einfließen zu lassen.

Die Grundidee, die du beim Pitch treffend in zwei bis drei Sätzen präsentiert hast, kannst du an dieser Stelle jetzt ausführlicher darstellen. Das geschieht nicht in epischer Breite – dafür ist ja dein Roman dann da –, sondern du bietest den Lektor:innen eine aussagekräftige Zusammenfassung deines Romankonzepts an. Hierbei gibst du in Kurzform den Inhalt deines Buches wieder und skizzierst den Handlungsablauf.

»Ich liebe bei Exposés, wenn aus einem einzigen Satz ein komplett neues Universum entsteht. Ideenfeuerwerke in meinem Kopf explodieren und alles zusammenkommt, während ich es zum ersten Mal aufschreibe.«

SARAH SPRINZ

Im Unterschied zu einem Klappentext, der Leser:innen locken soll, deutest du allerdings den Inhalt nicht bloß an – nein, du lässt in einem Exposé die spannenden Stellen, die unerwarteten Wendungen und auch die Auflösung nicht aus. Das wollen die Lektor:innen wissen, denn dieses Wissen hilft ihnen dabei, die Geschichte in vollem Umfang einschätzen und sie in das entsprechende Programm einordnen zu können. Außerdem macht es das für sie leichter, angesichts der Fülle der zu prüfenden Manuskripte, die täglich auf ihren Schreibtischen landen, eine Entscheidung zu treffen. Ob sich ein genauerer Blick in dein Buch lohnt. Ob dein Roman oder dein Sachbuch in das Verlagsprogramm passt. Ob deine Idee gut verkäuflich ist. Ob dein Werk qualitativ überzeugen kann.

In deinem Exposé präsentierst du also die Handlung oder den Inhalt deines Buches nachvollziehbar, logisch und stringent. Du erzählst nicht nur nach, sondern schilderst knapp, aber anschaulich, wovon dein Buch handelt. Du kannst dich dabei durchaus an der 3-Akt-Struktur orientieren:

(1) Einleitung – **(2)** Mittelteil – **(3)** Schluss

Aber, und hier kommt der knifflige Part: Dein Exposé soll nicht nur informieren, sondern auch in einem gewissen Maß unterhalten. Es soll eine Reaktion aus den Lektor:innen herauskitzeln, ihnen den Mund auf dein Buch wässrig machen. Denn du willst ja, dass sie dein Manuskript intensiver betrachten. Hab immer im Hinterkopf, dass dein Exposé so etwas wie das Aushängeschild deines Buchs darstellt. Gern kannst du hier auf den Stil zurückgreifen, in dem dein Manuskript verfasst ist. Oder du schreibst auf andere unterhaltsame Weise. Hauptsache, dein Text liest sich gut und flüssig und mitreißend.

Achte in diesem Zusammenhang unbedingt auf die äußere Form deines Exposés. Es wird immer im **Präsens** verfasst, wobei eine Normseiten-Formatierung hierbei kein Muss ist (aber hilfreich). Stell nur sicher, dass dein Anschreiben orthografisch fehlerfrei und übersichtlich gestaltet ist. Hier zählt wirklich der erste Eindruck!

Was du allerdings nicht in deine kurze Zusammenfassung aufnehmen solltest, sind Dialoge oder Ausschnitte aus Szenen, die in deinem Buch vorkommen. Diese Dinge deckst du mit der Leseprobe ab.

Das klingt jetzt alles vielleicht komplizierter, als es ist, doch bedenke, dass du nun das Rüstzeug dafür besitzt. Wir haben dir hier aber zur Unterstützung noch ein paar hilfreiche Tipps zusammengestellt, falls du doch mal an der ein oder anderen Stelle ins Straucheln gerätst.

»Exposés sind super! Sie helfen mir, strukturiert über Handlung und Wendepunkte nachzudenken.«

EVIE DUNMORE

Wie beim Pitch kannst du es auch üben, ein Exposé zu schreiben. Womöglich musst du es auch öfter als einmal formulieren, um deine Idee bestmöglich darzustellen. Aber das hat auch seinen Vorteil: Denn mit jedem Durchgang gewinnst du an

Erfahrung. Du bekommst ein immer besseres Gefühl für deinen Text, und vielleicht führt das Exposé dir sogar Schwachpunkte in deinem Plot vor Augen, die du noch einmal überarbeiten möchtest. Oder zeigt dir, dass du definitiv mit deiner Geschichte auf dem richtigen Weg bist.

Es gibt in der Verlagsbranche keine einheitlichen Vorgaben, wie ein vorbildliches Exposé aussehen soll. Eventuell findest du auf den Websites der jeweiligen Verlage ein paar Anhaltspunkte, in welcher Form das Exposé eingereicht werden soll. Dann richte dich am besten danach.

Ansonsten haben wir dir hier ein paar Eckpfeiler zusammengetragen:

- ✓ Idealerweise beträgt der Gesamtumfang deines Exposés **drei Seiten**.
- ✓ Es orientiert sich formattechnisch an der **Normseite**.
- ✓ Füg ein **Anschreiben** hinzu, in dem du kurz dein Anliegen vorstellst.
- ✓ Nenn deinen **Namen**, deine **Adresse** und evtl. deinen **Internetauftritt / deine beruflichen Social-Media-Accounts**.
- ✓ Füg deine **Kurzvita/Autorenbiografie** hinzu.
- ✓ Erwähne den **Arbeitstitel**.
- ✓ Angaben zu **Genre**, **Zielgruppe** (evtl. Altersangabe) und **Vergleichstitel** (in welchem Umfeld siehst du dich, bei welchen Autor:innen soll dein Buch in der Buchhandlung platziert werden?)

- ✔ Angaben zum Manuskriptumfang
- ✔ Ergänz den **Pitch**.
- ✔ Und natürlich darfst du die **Inhaltsangabe** nicht vergessen!
- ✔ **Optional:**
  eine Übersicht zu deinen **wichtigsten Figuren**

Falls du dich zu guter Letzt fragst, ob dein Buch bereits fertig sein muss, ehe du ein Exposé bei einem Verlag oder einer Agentur einreichen kannst, lautet unsere Antwort: Nein. Das ist nicht zwingend notwendig, solange du eine aussagekräftige Leseprobe mitschicken kannst. Allerdings schadet es dann nicht, einen groben Termin (wann planst du, dein Buch zu beenden?) in deinem Exposé zu nennen.

Ein Exposé zu verfassen kann manchmal ganz schön knifflig sein. Wenn du dich damit schwertust, bist du ganz sicher nicht allein. Auch für viele unserer Autor:innen ist das Schreiben von Exposés eher eine Art Hassliebe.

Auf einer Skala von 1 bis 10, wie sehr hasst du es, Exposés zu schreiben?

SARAH SPRINZ –10!

0 (Ich LIEBE Exposés)
KIM NINA OCKER

0. Ich liebe Exposés und das Planen von neuen Projekten.
LAURA KNEIDL

EVIE DUNMORE 1

1 (Ehrlich, ich schreibe gerne Exposés.)
YVY KAZI

4. Sie sind lästig, helfen mir aber dabei, meine Gedanken zu ordnen.
KARA ATKIN

Früher 10, mittlerweile eine solide 5.
ANABELLE STEHL

5. Ich habe bisher nur eins geschrieben und das war eine neutrale Mitte.
ANNE PÄTZOLD

6 BRITTAINY C. CHERRY

ANNA SAVAS 7

Das schwankt. Von 1 bis 10 war schon alles dabei. Aber es tendiert sehr oft eher in Richtung 10.
AVA REED

APRIL DAWSON 11

MOUNIA JAYAWANTH 11,5

BIANCA IOSIVONI 20

LESEPROBE

Neben Pitch und Exposé ist die **Leseprobe** eines der wichtigsten Hilfsmittel, um dein Manuskript bei einem Verlag unterzubringen. Du hast mit Pitch und Exposé schon grandiose Vorarbeit geleistet, du hast dein Gegenüber angelockt und neugierig gemacht. Jetzt kommt also der Moment, in dem du dein schriftstellerisches Können beweisen kannst, um vollständig zu überzeugen.

Wie schon beim Exposé hat jeder Verlag oder jede Agentur unterschiedliche Ansprüche an das Manuskript, das du einsenden möchtest. Diese Vorgaben kannst du zumeist im Internet finden und deine Unterlagen entsprechend gestalten. Auch auf die Information, ob du es ganz klassisch per Post oder lieber digital einreichen sollst, stößt du dort.

Was den Umfang der Leseprobe angeht, wird oftmals von dir erwartet, ca. 30 Seiten deines Manuskripts zu schicken. Diese Angabe kann allerdings variieren, und alles zwischen **30 und 50 Seiten** oder auch mehr ist möglich.

Welche Textstelle eignet sich aber besonders gut, um sie einzusenden? Wenn es nicht anders von Verlag oder Agentur angegeben ist, gilt hier: Die Leseprobe beginnt immer mit dem **ersten Kapitel**. Damit bietest du einen direkten Einstieg in dein Buch. Du führst mit diesem ersten Kapitel nämlich umgehend in das Geschehen ein, du stellst die handelnden Figuren vor und zeigst das Thema, den Konflikt und die Grundstimmung deines Buchs. Darüber hinaus vermittelst du natürlich auch einen Eindruck darüber, was du stilistisch auf dem Kasten hast.

Mit diesem Textauszug kreierst du für die Lektor:innen oder Agent:innen eine Ausgangssituation ähnlich der von Leser:innen vor dem Kauf des Buchs. Mit den ersten Seiten hast du die Chance, ihr Interesse zu wecken und sie in deinen Buchkosmos hineinzuziehen. Denn sind die Held:innen oder dein Konflikt oder die erschaffene Welt so fesselnd, dass du die Lesenden bei der Stange hältst, ist die erste Hürde überwunden.

In freier Wildbahn (also, in der Buchhandlung) brauchen die Leser:innen vielleicht die ersten fünf Seiten, um sich für einen Kauf zu entscheiden, und so halten es die Lektor:innen oder Agent:innen im Arbeitsalltag mit der Faustregel: Wenn es sie nach 30 Seiten nicht mitgerissen hat, sieht es eher düster aus für das Manuskript. Aber du musst keine Sorge haben, an diesem Punkt gleich den nächsten Dan Brown abliefern zu müssen. Das Gute ist nämlich, dass Lektor:innen das Potenzial in deinem Text erkennen, auch wenn er noch ein Rohdiamant sein sollte.

Für den Fall, dass ein Verlag oder eine Agentur mehr als ein Kapitel als Textprobe wünschen, kannst du dir überlegen, ob du nicht zwei Kapitel mit unterschiedlichen Schwerpunkten ins Rennen schicken möchtest. Das könnte zum Beispiel eine emotional berührende Liebesszene sein zusammen mit einer actionreichen Kampfsequenz. Damit kannst du deine Bandbreite unter Beweis stellen und zeigen, was du alles draufhast!

Bevor du deine Leseprobe gemeinsam mit Exposé und Pitch losschickst: Gib die Seiten gern vorher Freund:innen, Verwandten und Testleser:innen und hol dir ihr Feedback ein. Das ist in den allermeisten Fällen sehr hilfreich und nützlich, nicht nur um inhaltlich auf der sicheren Seite zu sein (begreifen Außenstehende, worum es geht, ist alles stringent, nachvollziehbar und spannend geschrieben?), sondern auch um die fiesen kleinen Rechtschreibfehler ausfindig zu machen.

Dann bleibt uns an dieser Stelle eigentlich nur noch zu sagen: Wir drücken ganz fest die Daumen für die Manuskripte, die du zukünftig einreichen willst! Das Rüstzeug dafür hast du ja jetzt!

LITERATURAGENTUREN

Eine feste Größe im Literaturbetrieb sind die Agenturen. Sie sind dafür zuständig, die Interessen der Autor:innen wahrzunehmen und sich für sie einzusetzen. Sie arbeiten zudem meist sehr eng mit den Verlagen zusammen, daher können sie dich optimal dabei unterstützen, dein Manuskript in einem Verlagshaus unterzubringen. Also ein absolut spannendes Feld, das unsere Kolleginnen Sarah Knofius und Kathrin Nehm von der Literaturagentur Thomas Schlück aus Hannover dir einmal vorstellen wollen.

Was macht eine Literaturagentur alles für Autor:innen?

Eine Agentur vertritt in erster Linie die Interessen ihrer Klient:innen. Das sind in unserem Fall sowohl deutsche Autor:innen als auch Agenturen und Verlage aus dem Ausland, vorwiegend aus UK und den USA. Wir vermitteln Projekte aus deutscher Feder und auch Lizenzen aus dem Ausland an deutschsprachige Verlage. Die Arbeit mit Lizenzen und eigenen deutschen Projekten ermöglicht uns einen sehr guten Einblick in die Strukturen und Entwicklungen des Buchmarktes.

Wir bieten unseren Autor:innen eine Rundumbetreuung, eine Art Komplettpaket. Als Agentur ist man sozusagen die **Schnittstelle** zwischen Autor:in und Verlag: Wir sorgen dafür, dass die Projekte die richtigen Verlage finden, übernehmen anschließend die Vertragsverhandlungen, die Korrespondenz, schreiben die Verträge und kümmern uns auch um die Buchhaltung.

Mit unseren deutschen Autor:innen entwickeln wir gemeinsam Projekte oder wirken beratend, um das passende Projekt auszuwählen, das wir dann den Verlagen vorstellen. Die Zusammenarbeit umfasst zum einen also den bürokratischen Teil, zum anderen aber auch Beistand bei Zweifeln, Absagen oder einfach Mitfiebern beim Warten auf Rückmeldung von Verlagen.

Welche Vorteile hat eine Agentur?

Mit einer Agentur hat man einen kompetenten Partner an seiner Seite und steht nicht allein da. Einer der größten Vorteile einer Agentur ist sicherlich, dass Autor:innen sich nicht ungeschützt in die Verhandlungsposition mit den Verlagen begeben müssen. Oft trauen Autor:innen sich nicht, Forderungen zu stellen, oder haben Angst, das Verhältnis zum:zur Lektor:in zu schädigen, vielleicht fehlt auch das Insiderwissen oder die Erfahrung, um ein Angebot richtig einschätzen zu können. Die Agentur hat in der Regel viele bereits bestehende Verträge mit dem Verlag verhandelt, kann entsprechend Vergleiche ziehen und ggf. bessere Konditionen im Namen der Autor:innen fordern. Die Agentur kennt die Besonderheiten in den Verträgen und kann gewisse Punkte zugunsten der Autor:innen verbessern, auf die sie selbst vielleicht nicht geachtet hätten.

Eine Agentur hilft außerdem im Vorfeld bereits bei der Ideenfindung und berät die Autor:innen auch hinsichtlich des Genres. Häufig fragen die Verlage direkt bei Agenturen an, um aus dem bestehenden Autor:innenpool jemanden für eine konkrete Projektidee zu finden.

Eine Agentur hat einen guten Überblick über den aktuellen Buchmarkt und kann durch regelmäßigen Austausch mit den Lektor:innen auch im Voraus immer schon gut absehen, was gesucht wird und was Erfolg versprechend sein könnte. Da der Markt so groß und teilweise auch unübersichtlich ist, hilft es, jemanden zu haben, der gut vernetzt ist und die Stärken der eigenen Autor:innen kennt, um dann die bestmögliche Strategie bei der Suche nach einer passenden Verlagsheimat zu finden.

Autor:innen fühlen sich häufig unwohl damit, direkt bei dem:der Lektor:in Kritik zu äußern. Vielleicht kommt der Coverentwurf nicht gut an, vielleicht hat der:die Autor:in das Gefühl, dass marketingtechnisch zu wenig getan wird. Oder vielleicht kann das vertraglich vereinbarte Abgabedatum für das Manuskript nicht eingehalten werden? Auch das sind Situationen, in denen Agenturen als Puffer dienen und die Autor:innen unterstützen.

Du brauchst nicht zwangsläufig eine Literaturagentur, um bei einem Verlag unterzukommen, aber oftmals erweist es sich als sehr hilfreich. Verlage wertschätzen die Vorauswahl durch Agenturen, weil damit eine gewisse Qualitätsgarantie verbunden ist.

Wie finde ich die richtige Agentur?

Es gibt einige Seiten mit Auflistungen seriöser Agenturen im Internet, die du durchforsten kannst. Es empfiehlt sich, dir selbst eine Liste mit den Agenturen anzufertigen, die du kontaktieren möchtest. Am besten schaust du vorher auf der jeweiligen Homepage nach und informierst dich über die Agentur: Vertritt sie auch die Genres, in denen ich schreiben möchte?

Welche Anforderungen zur Manuskripteinsendung gibt es? Passt mein Projekt überhaupt in das Portfolio der Agentur?

Es hilft sicher auch, sich mit anderen Autor:innen auszutauschen, die bereits eine Agentur gefunden haben. Wenn du in der Hinsicht noch keine Kontakte geknüpft hast, kannst du dich auch auf den Seiten der Autor:innen umschauen, die ähnliche Projekte veröffentlicht haben wie das, was du selbst anbieten möchtest. Oft sind dort die vermittelnden Agenturen aufgelistet – oder du schaust in die Impressen und Danksagungen der Bücher, dort findet man häufig ebenfalls die Agenturen bzw. Agent:innen.

Letztlich ist es immer auch eine Bauchentscheidung auf beiden Seiten: Die Zusammenarbeit zwischen Autor:in und Agent:in ist unmittelbar und persönlich. Darum ist es wichtig, dass die Chemie stimmt und man auf Augenhöhe miteinander sprechen kann. Ein Telefonat hilft da, um sich vor der Vertragsunterzeichnung gegenseitig kennenzulernen und die Erwartungshaltung im Vorfeld abzustecken.

Wie kann ich mich bei einer Agentur bewerben? Muss ich bestimmte Voraussetzungen erfüllen, um bei einer Agentur aufgenommen zu werden?

Zunächst einmal solltest du überprüfen, ob die Agentur, bei der du dich bewerben möchtest, das Genre vertritt, in dem du schreibst. Einige Agenturen schließen beispielsweise Science-Fiction und Fantasy aus oder betreuen keine Kinderbücher. Die meisten Agenturen listen auf ihrer Website explizit, in welcher Form die Bewerbung erfolgen soll.

In der Regel bewirbt man sich mit einer **Kurzvita**, einem

aussagekräftigen **Exposé** und einer **Leseprobe** per **E-Mail**. Bei Debütautor:innen ist es hilfreich, wenn das Manuskript schon vollständig vorliegt, bei bereits veröffentlichten Autor:innen reicht ggf. auch schon eine umfassende Leseprobe, um zu überzeugen; hier empfehlen wir meist einen Umfang von **80 bis 100 Seiten**, je nach Projekt. Bei einem Liebesroman sollte beispielsweise das Knistern zwischen den Protagonist:innen bereits spürbar sein und die Geschichte einen Sog entwickelt haben. Die Auswahlkriterien sind von Fall zu Fall unterschiedlich. Prinzipiell ist es aber das Gesamtpaket, das uns begeistern muss. Der sprichwörtliche Funke muss überspringen, und wir müssen in dem Projekt, das uns präsentiert wird, Potenzial sehen.

Letztlich ist es ein Zusammenspiel aus Glück, dem richtigen Moment und dem persönlichen Geschmack des:der Agent:in, ob du es in eine Agentur schaffst. In manchen Fällen hat eine Absage nichts mit der Qualität deines Textes zu tun, sondern liegt vielleicht daran, dass die Agentur bereits ähnliche Projekte im Angebot hat und sich nicht selbst Konkurrenz machen möchte. Oder der Markt ist gerade nicht offen für das Genre des angebotenen Projekts, und es gibt wenig Chancen zur erfolgreichen Vermittlung.

Manchmal passiert es wiederum, dass wir ein Projekt als schwer vermittelbar beurteilen, uns der Stil aber überzeugt und wir dann in Austausch mit dem Bewerbenden treten. Vielleicht gibt es ja die Möglichkeit, gemeinsam an einem anderen Konzept zu arbeiten, für das wir bessere Marktchancen sehen. Es ist oft ratsam, einen langen Atem zu haben und es beharrlich weiter zu versuchen, weil es zu einem späteren Zeitpunkt dann vielleicht doch passt. Der Markt ist beständig im Wandel, und es können sich immer neue Türen öffnen, die vorher verschlossen waren.

Wir sind jedenfalls immer auf der Suche nach Geschichten, die uns berühren, und nach aufregenden neuen Stimmen.

Wie wird die Agentur bezahlt?

Eine seriöse Agentur wird niemals im Vorfeld ein Honorar von dir verlangen, sondern verdient erst bei erfolgreicher Vermittlung anteilig, üblich ist eine Provision von 15 bis 20 %.

> »Ich habe mit meiner Agentin jemanden, der mir immer den Rücken freihält und voll und ganz hinter mir steht.«
>
> ANNA SAVAS

Welche Vorteile hat eine Agentur für dich?

BRITTAINY C. CHERRY: Ohne meine Agentur würden meine Bücher nicht weltweit und in so vielen Ländern erscheinen. Sie hat mir Möglichkeiten eröffnet, von denen ich nicht mal zu träumen gewagt hätte. Wenn du bei einer Agentur bist, die deine Träume versteht und deine Ziele kennt, ist es so viel einfacher, diese zu verfolgen, wenn ein zuverlässiges Team dir den Rücken stärkt.

KIM NINA OCKER: Meine Agentinnen sind für mich meine Stimme der Vernunft. Ich kenne mich mit dem Schreiben aus und mit dem kreativen Prozess. Dinge wie Vertragsverhandlungen oder die Bewerbung meiner Ideen bei Verlagen sind nicht wirklich meine Stärke. Meine Agentinnen beraten mich und sind vor allem mit einer Menge Erfahrung an meiner Seite, die ich einfach noch nicht habe.

ANNA SAVAS: Für mich hat eine Agentur viele Vorteile, der größte besteht allerdings darin, dass ich mich voll und ganz auf das Schreiben konzentrieren kann. Verhandlungen mit dem Verlag übernimmt meine Agentin für mich (zum Glück, ich bin nämlich grauenhaft in so etwas). Wenn die Zeit es zulässt, ist meine Agentin außerdem die Erste, die meine Geschichten liest – abgesehen von meinen Testleser:innen – und gibt mir wertvollen Input (manchmal auch in Form von begeisterten GIFs). Wir tauschen uns über neue Ideen aus, und immer wenn ich ein Problem habe – und sei es noch so klein –, kann ich ihr schreiben oder sie anrufen, und danach geht es mir stets besser.

VERLAGE

Warum brauche ich einen Verlag?

Für dich als angehende:r Autor:in kann es sehr hilfreich sein, einen Verlag im Rücken zu haben. Nicht nur weil es eine klassische Verbindung ist, die es so schon seit vielen, vielen Jahrzehnten gibt. Nein, als Autor:in hast du mit einem Verlag immer eine Gruppe von Personen, die an dich und deine Projekte glauben. Ein Verlag und seine Mitarbeiter:innen stehen hinter dir, um dich bei allem zu unterstützen, was die Buchbranche bereithält. Sie können dir über Hindernisse, zum Beispiel während des Schreibprozesses oder wenn es auf Social Media einmal Probleme geben sollte, hinweghelfen und greifen dir bei deinen Buchideen unter die Arme.

Im Lektorat wird dein Manuskript zur Bestform getrimmt; Lektor:innen springen dir mit ihrer Expertise zur Seite, um sowohl den Titel, das Cover als auch den Inhalt optimal zu gestalten. In einem Großverlag steht dir auch stets die geballte Kraft eines Vertreter:innen-Netzwerks zur Verfügung, das dafür sorgt, dass dein Buch im Buchhandel präsent und erhältlich ist. Die Presse und das Marketing können auf langjährige Kontakte zurückgreifen, um dich werbetechnisch zu unterstützen. Es gibt zudem Leute, die sich professionell darum kümmern, dass dein E-Book schick aussieht und in allen Onlineshops verfügbar ist.

Nicht zu vergessen: Verlage zahlen dir auch deine Rechnungen pünktlich. Du wirst für jedes Projekt, das ein Verlag einkauft, einen **Vorschuss** erhalten, den du oder deine Agentur ausgehandelt habt – also einen festen Betrag, der dir unabhängig von den zukünftigen Verkäufen deines Buches gezahlt wird. Bei der Höhe dieses Vorschusses muss stets zwischen Wirtschaftlichkeit (wie viel wird dein Buch ungefähr einspielen?) und Wertschätzung (das, was manche Bücher den Leser:innen bedeuten, kann man nicht mit Geld aufwiegen) abgewogen werden. Zudem wirst du **Tantiemen** erhalten, die gestaffelt ausgehandelt werden – das heißt, je mehr Exemplare deines Buches du verkaufst, desto prozentual höher fällt dein Anteil aus.

Aber bitte behalt allzeit im Hinterkopf: Ein Verlag wird immer und zu jeder Zeit für dich in Vorleistung gehen. Du bezahlst nichts im Voraus – weder für Lektorat und Korrektorat noch fürs Cover oder für deine Präsenz im Buchhandel. Alles andere ist nicht seriös.

Bei welchen Punkten bist du froh, dass sie dir der Verlag abnimmt?

ANABELLE STEHL: Die gesamte Organisation in Hinblick auf Lektorat, Korrektorat, Satz etc. Ich bin ja schon lange als Buchbloggerin in der Branche unterwegs, aber den gesamten Entstehungsprozess eines Buchs aus nächster Nähe zu verfolgen hat mich die ganze Arbeit noch einmal mehr wertschätzen lassen.

LENA KIEFER: Bei vielen! Ich schätze es unheimlich, dass LYX sehr genau weiß, wie unsere gemeinsame Zielgruppe angesprochen werden sollte – ob nun über das Cover, den Klappentext oder die Marketingmaßnahmen. Außerdem bin ich sehr froh, dass ich nicht selbst in die Buchhandlungen fahren muss, um meine Bücher dort vorzustellen, sondern dass diese Aufgabe der Vertrieb übernimmt. Und ganz generell ist es ein gutes Gefühl, zu wissen, dass immer jemand da ist, wenn ich Feedback, Informationen oder einfach ein offenes Ohr brauche. Ich möchte diese Zusammenarbeit nicht missen.

ANNA SAVAS: Ich bin vor allem sehr froh darüber, dass der Verlag sich darum kümmert, dass meine Bücher (im Buchhandel) sichtbar werden. Aber auch, dass der Verlag die Organisation von Lektorat, Korrektorat und Sensitivity Reading übernimmt, ist superhilfreich. Eigentlich ist die Zusammenarbeit mit dem Verlag sowieso immer superhilfreich und macht sehr viel Spaß.

BRITTAINY C. CHERRY: Mir gefällt es sehr, dass sich der Verlag beim Veröffentlichen eines Buches um das »Geschäftliche« kümmert. Ich bin eher Autorin/Kreative statt Geschäftsfrau, daher ist es wirklich schön, dass der Verlag mir diese Last abnimmt, sodass ich mich voll und ganz auf das Schreiben meiner Bücher konzentrieren kann.

Welches Mitspracherecht haben Autor:innen im Verlag?

Du wirst als Autor:in auch definitiv Mitspracherecht bei allen Entscheidungen haben, die der Verlag in Bezug auf dein Buch trifft. Lektor:innen holen deine Meinung zu Titelwahl, Coverdesign und Klappentext ein, und du kannst ihnen dein Feedback ungeschönt und ehrlich zurückspielen. Denn keine:r wird wollen, dass du unglücklich mit deinem Projekt bist.

Es ist aber durchaus hilfreich, auch die Ratschläge der Verlagsmitarbeiter:innen in Betracht zu ziehen (und das schreiben wir nicht nur, weil wir voreingenommen sind!), da diese nah am Markt arbeiten und wissen, was gut funktionieren kann. Schließlich wollen wir alle nur das Beste für dein Buch und dass es die Leser:innen begeistert. Daher ist uns eine gute und offene Zusammenarbeit auf Augenhöhe mit unseren Autor:innen immens wichtig.

Kann ich mein Manuskript auch ohne Agentur bei einem Verlag einreichen?

Es ist natürlich auch möglich, als Autor:in dein Manuskript eigenständig ohne Agentur (wir nennen es **»unverlangt«**) bei den Verlagen einzureichen. Verlage schauen sich auch alle diese Angebote an, nur kann es leider oftmals lange dauern, bis du eine Antwort erhältst – angesichts der Fülle der Zusendungen.

Welcher Verlag passt zu mir?

Es ist von Vorteil, sich für das eigene Manuskript bzw. die eigene Idee auf die Suche nach dem passenden Verlag zu machen. Denn wenn du in einem bestimmten Genre oder für eine bestimmte Zielgruppe schreibst, ist es einfacher, eine Heimat in einem Verlag zu finden, der schon ähnliche Bücher herausgegeben hat, als sich artfremd zu bewerben. Das heißt konkret: Möchtest du einen Liebesroman für New Adults anbieten, wäre LYX sicherlich eine deiner Anlaufstellen.

Um herauszufinden, welcher Verlag am besten auf deine Bedürfnisse eingehen kann, ist nur ein bisschen Recherchearbeit vonnöten. Im Webauftritt oder den Katalogen der jeweiligen Verlagshäuser findest du die Bücher und die Genres, die dort vertreten sind. Oder du gehst in eine Buchhandlung zu dem Regal, wo dein Buch später auch einmal präsentiert werden soll – und notierst dir dort alle Verlage.

Wenn du dein Manuskript ohne Agentur einreichen willst, hast du jetzt eine Handvoll Möglichkeiten, um mit Verlagen in Kontakt zu treten. Ob per Post oder per Mail – es ist auf jeden Fall hilfreich, vorher einen Blick auf die jeweilige Internetseite zu werfen, um herauszufinden, wie die bevorzugte Art der Kontaktaufnahme lautet. Du kannst aber auch über Empfehlungen von anderen Autor:innen an die Verlage herantreten oder dich auf Messen direkt beim Verlag vorstellen und deine Kontaktdaten am Stand hinterlassen.

Suchst du einen Verlag, hast du dabei auch immer die Wahl, ob es ein **Klein- oder Großverlag** sein soll. Jede Option hat Vor- und Nachteile: Oftmals bist du bei Kleinverlagen noch näher an den Leser:innen und dichter an einem bestimmten Genre, während dir bei Großverlagen zumeist eine größere Reichweite und ein größeres Netzwerk zur Verfügung stehen.

Schreibwettbewerbe

Wenn du einen fertigen (aber unveröffentlichten) Roman oder eine gute Romanidee in deiner Schublade liegen hast und ein Verlag ruft einen Schreibwettbewerb aus – nutz die Chance! Wenn dein Text ins Programm des Verlags passt, können solche Aktionen sehr hilfreich und ein erster Schritt in Richtung Veröffentlichung sein.

Das Thema und die formalen Anforderungen eines Schreibwettbewerbs gibt der jeweilige Verlag vor, und oftmals winkt als Preis ein Autor:innenvertrag für deinen Titel. Der Roman muss sich dann einer Jury stellen und diese überzeugen.

Bei LYX fand beispielsweise vor einiger Zeit im Rahmen der digitalen Buchmesse der **LYX-Pitch** statt, in dem (angehende) Autor:innen uns ihr Manuskript in drei Sätzen pitchen konnten. Das war für uns eine tolle Möglichkeit, um neue Erzählstimmen und spannende Geschichten zu finden.

Und selbst wenn es mal nicht klappt, kann es nie schaden, deinen Beitrag bei einem Schreibwettbewerb einzureichen – denn wer weiß, wofür es trotzdem gut sein kann.

Wie bist du zum Verlag gekommen?

MEHWISH SOHAIL: Eine Autorenkollegin, für deren Buch ich ein Sensitivity Reading gemacht habe, hat mich und meine jetzige Lektorin quasi verkuppelt, haha. Aber eigentlich war es so wie bei den meisten: Ich musste erst ein Exposé und eine Leseprobe schicken und warten, bis Rückmeldung kam. Bei mir war nur der Kontakt von Anfang an direkter. Eine Agentur habe ich erst gesucht, nachdem die Zusage vom Verlag gekommen ist. Und ja, hier sind wir jetzt!

APRIL DAWSON: Durch das LYX-Storyboard, bei dem es damals ähnlich wie bei Wattpad die Möglichkeit gab, online Bücher zu veröffentlichen. Die Leser:innen waren von meiner *Pick the Boss*-Reihe so begeistert, dass LYX mir ein Angebot gemacht hat, das mein Leben verändert hat.

EMMA SCOTT: Ich hatte großes Glück, dass meine tolle Lektorin bei LYX sich bei mir gemeldet hat, um die Manuskripte der *All-In*-Reihe anzufragen. Zu dieser Zeit war ich nur bei einem ausländischen Verlag (aus Polen) unter Vertrag und wusste nicht, was mich erwartet. Aber ihr gefiel die Dilogie, und die deutschen Leser:innen schienen sie auch zu lieben. Und damit hat sich mir eine völlig neue Welt mit wundervollen Leser:innen eröffnet.

Das hat mein Leben verändert, ganz ehrlich. Ich werde LYX und meiner Lektorin für immer dankbar sein, dass sie meine Geschichten deutschen Leser:innen zugänglich gemacht haben – das hat meiner Karriere als veröffentlichte Autorin einen viel größeren Auftrieb gegeben, als ich es mir je hätte vorstellen können.

ANABELLE STEHL: Ich habe ein Exposé und eine Leseprobe an meine damalige Lektorin bei LYX geschickt.

YVY KAZI: Ganz ehrlich? Über einen Umweg. Auf der Leipziger Buchmesse 2019 habe ich am Pitch von be-eBooks teilnehmen dürfen. Leider passte das vorgestellte Manuskript am Ende nicht ins Verlagsprogramm, allerdings war das Team von be so lieb, den Kontakt zu LYX herzustellen. Und so hatte ich eines Tages eine E-Mail vom Verlag in meinem Postfach, in der ich gefragt wurde, ob ich mir vorstellen könnte, mit LYX zusammenzuarbeiten. Manchmal kann ich noch immer nicht fassen, dass das tatsächlich passiert ist – aber hier sind wir.

4

Die Verlagsarbeit: vom Manuskript in die Buchhandlung

WAS MACHT EIN VERLAG EIGENTLICH?

Geht man zurück bis ins Mittelalter, wird man feststellen, dass Verlage schon damals existierten. Diese Institutionen besaßen genug finanzielle Mittel, um Geld vorstrecken zu können und so Handwerker zu beauftragen, die damit wiederum Waren herstellten. Dieses Konzept galt damals bereits für Bücher, aber zum Beispiel auch für Bier oder Tuchwaren. Das Grundprinzip funktioniert noch immer ähnlich, wenngleich es heutzutage nur noch Buch- und Zeitschriftenverlage gibt (warum auch immer sich der Bierverlag nicht durchgesetzt hat?).

Das Ziel eines Verlags ist es, Bücher mit Erfolg (und ja, so profan es klingen mag: auch mit Gewinn) zu verkaufen. Im Verlag arbeiten aber ebenfalls Menschen, die an dein Buch glauben; die das Beste aus deinem Text herausholen wollen; die dein Buch schönstmöglich einkleiden wollen; und die es jubelnd in der Welt verkünden, dass es dein Buch gibt.

Aber wer sind all diese Menschen? Das wollen wir dir hier zeigen, also lass uns gemeinsam einen Blick hinter die Kulissen eines Verlags werfen.

DER WEG EINES MANUSKRIPTS

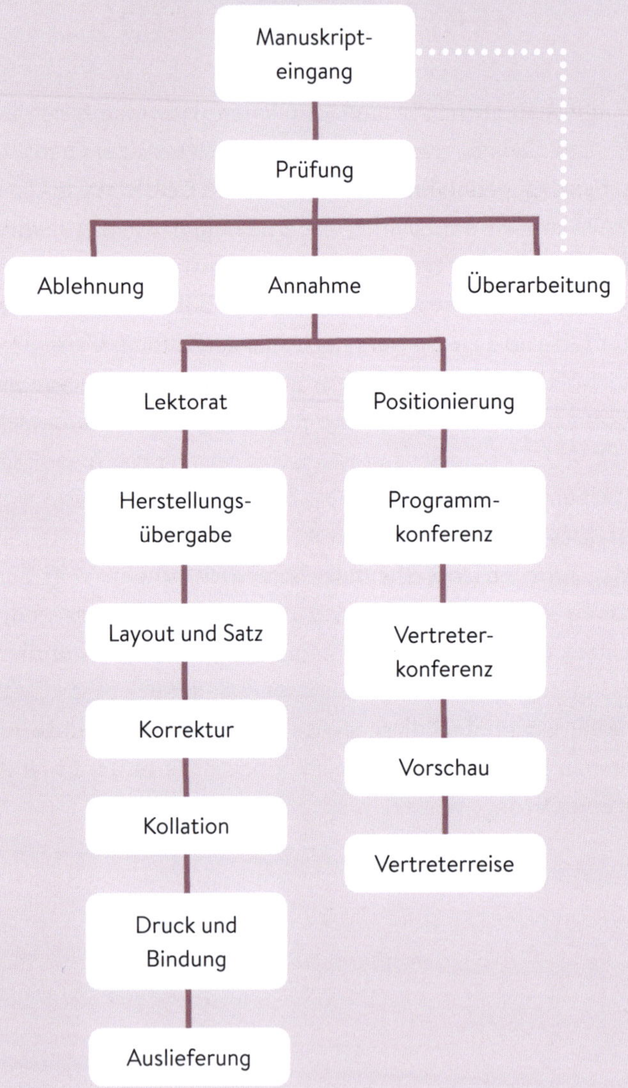

BEHIND THE SCENES: DIE ABTEILUNGEN IM VERLAG

Wie geht es überhaupt in einem Verlag zu? Wer arbeitet dort? Wer macht was und mit wem in welchen Zeiträumen? Wer findet passende Autor:innen? Wer kauft das Manuskript ein? Wer setzt Verträge auf? Wer zieht Lesungen an Land? Wer macht die hübschen Cover? Wer gestaltet das Layout? Wer denkt sich spannende Social-Media-Aktionen aus? Und wer bringt das Buch in die Buchhandlungen? Es passiert viel in den Verlagen, und wir wollen dir hier einen kleinen Einblick gewähren, wer eigentlich hinter den Kulissen die Strippen zieht.

Ein Verlagshaus besteht aus unterschiedlichen Abteilungen, die sich um ihr jeweiliges Spezialgebiet kümmern. Aber natürlich greifen die Abteilungen wie bei einem gut geölten Uhrwerk präzise ineinander, um für dich als Autor:in den Ablauf – also, vom Einkauf des Manuskripts über den Schreibprozess und das Lektorat, bis das fertige Buch in den Läden steht – entspannt zu gestalten, dich zu unterstützen und für den Erfolg deines Buches zu arbeiten. Natürlich können wir hier vor allem aus Sicht von #TEAMLYX berichten und unsere eigenen Erfahrungen teilen. In den unterschiedlichen Verlagen wird es nicht immer haargenau gleich ablaufen, dennoch stimmen die groben Strukturen durchaus überein.

Am Anfang steht zumeist das **Lektorat** oder auch die Programmabteilung, die nach spannenden Texten bzw. tollen Autor:innen sucht, um ihnen zu helfen, die ganzen Buchbabys auf die Welt zu bringen.

↓

Damit auch alles seine Richtigkeit hat und sämtliche Seiten rechtlich abgesichert sind, werden daraufhin Verträge abgeschlossen und die Manuskripte eingekauft. Dies handhabt die – wie uns der Name schon verrät – **Vertragsabteilung**, die sich also um den Lizenzeinkauf kümmert.

↓

Sobald das Manuskript nun eingekauft ist, beginnen sich die Rädchen zu drehen. Das **Marketing** kommt zum Einsatz, um ein Konzept zu entwickeln, mit welchen kreativen und überzeugenden Maßnahmen das Buch-to-be draußen auf dem Markt begleitet werden kann. Die Marketingkolleg:innen beantworten zudem Leser:innen-Anfragen und kümmern sich natürlich um all die Buchblogger:innen.

↓

Währenddessen machen sich die **Grafiker:innen** Gedanken, wie das Cover hübsch und dem Inhalt des Manuskripts entsprechend gestaltet werden kann.

↓

Natürlich wird auch der **Vertrieb** ins Boot geholt: Sobald das Lektorat ein Frühjahrs- oder Herbstprogramm – also, die Bücher, die im ersten und zweiten Halbjahr eines Jahres erscheinen sollen – festgelegt hat, wird den Vertriebler:innen ebendieses Programm vorgestellt, damit sie vorab Maßnahmen und Konzepte entwerfen können, um im Buchhandel oder auf dem digitalen Markt die Aufmerksamkeit der Leser:innen auf das entsprechende Buch zu lenken.

↓

In der **Presseabteilung** wiederum laufen die Köpfe, Telefone und E-Mails heiß, um das neue Buch den Medien – seien es Zeitschriften, TV-Sendungen oder Onlineplattformen – anzukündigen und das Interesse der Medienvertreter:innen dafür zu wecken. Außerdem werden von der Presse – ganz wichtig! – die Lesungen für die Autor:innen an Land gezogen.

↓

Die **Herstellung** kommt ins Spiel, nachdem das Manuskript (gegebenenfalls) übersetzt und lektoriert, also auf Sprache und Struktur überarbeitet wurde. Dann nimmt die Herstellung den Text, übergibt ihn der **Setzerei**, die das Layout in Buchseitenform gießt. Anschließend lässt die Herstellung diesen Text von Korrektor:innen prüfen, um auch die letzten Rechtschreib- und Grammatikfehler auszumerzen.

↓

Und schließlich gibt es da noch die **Lizenzabteilung**. Sie hilft dabei, deutschsprachige Titel in die ganze Welt zu verkaufen und auch Nebenrechte, wie beispielsweise Film- oder Hörbuchrechte, an Dritte zu lizensieren.

Wie es in den einzelnen Abteilungen ganz genau zugeht, zeigen wir dir in den folgenden Kapiteln.

LEKTORAT

Willkommen im Lektorat – gewissermaßen dem Herzstück des Verlags, denn in diesem Bereich wird der Grundstein für das Programm (oder die Programme) eines Verlagshauses gelegt. *Here's where the magic happens!* Aber es sind nicht nur Feenstaub und ganz viel Lektüre, die den Arbeitsalltag der Lektor:innen bestimmen, sondern es verbirgt sich eine Menge mehr dahinter.

Es wird den ganzen Tag gestöbert, gelesen, bewertet, gelesen, geschrieben, gelesen, gebrainstormt, gelesen und diskutiert. Und egal, welches Genre betreut wird; egal, ob Belletristik oder Sachbuch – eines haben alle Lektor:innen gemeinsam: die Liebe zum geschriebenen Wort. Jede Person, die diesen Beruf ergreift, weiß, dass harte Arbeit damit einhergeht, sie aber mit der schönsten Sache der Welt (nein, nicht Kuchen!) belohnt wird: einem neuen Buch, in dem ganz viel Herzblut, Gehirnschmalz und Leidenschaft steckt.

Lektor:innen erwartet daher ein Potpourri aus spannenden und vielschichtigen Aufgaben, die jeden Tag zu einem neuen Abenteuer machen. Immerhin haben wir den ganzen Tag mit Büchern zu tun – und dürfen mitentscheiden, auf welche Art wir mitreißende Inhalte in zauberhafte Hüllen packen und in die Welt loslassen.

Ja, Lesen nimmt einen essenziellen Teil des Lektor:innen-Daseins ein. Die anderen Punkte sind allerdings nicht zu vernachlässigen. Ganz konkret kümmern sich Lektor:innen um Folgendes:

Lektor:innen …

- ✓ finden gut verkäufliche Stoffe bzw. Texte und entscheiden, welche Bücher eingekauft und veröffentlicht werden
- ✓ stöbern neue Trends auf
- ✓ prüfen verlangte und unverlangte Manuskripte
- ✓ kümmern sich um sämtliche Belange rund ums Buch (Kalkulationen, Lektorat, Titelfindung, Cover briefen, Werbetexte verfassen)
- ✓ sind Ansprechpartner:innen für Autor:innen
- ✓ nehmen an Vertretertagungen, Messen, Lesereisen und Conventions teil

Kurz gesagt sind Lektor:innen so etwas wie Projektmanager:innen, die für einen reibungslosen Ablauf rund ums Buch sorgen und alles daransetzen, um vielversprechende Autor:innen und tolle Texte ausfindig zu machen. Sie begleiten den ganzen Prozess vom Rohmanuskript bis hin zum fertigen Buch.

> »Meine Lektorin und ich sind auf einer Wellenlänge, und ich betrachte sie als hilfreiche Sparringspartnerin, nachdem ich monatelang allein ins Blaue hineingeschrieben habe.«
>
> EVIE DUNMORE

Wie werden Bücher entdeckt?

Wir haben dir bereits die klassischen Wege in der Verlagsbranche, ein Buch zu entdecken, aufgezeigt. Zum einen erhalten Lektor:innen Manuskripte von Agenturen, die meist genau wissen, welche Stoffe die Verlage oder Imprints suchen. Zum anderen werden viele unverlangte Manuskripte von angehenden Autor:innen eingereicht.

Eine weitere Option, als Lektor:in vielversprechende Autor:innen zu finden, ist: die **Recherche**. Wir stöbern einerseits im Internet nach tollen Talenten und zauberhaften Geschichten, die uns begeistern, und das gilt sowohl für deutsche als auch fremdsprachige Autor:innen. Andererseits umfasst die Recherche nicht nur die digitale Suche, sondern es fallen auch **Aktionen** wie zum Beispiel Pitching-Runden (du stellst dein Projekt kurz und knapp vor) oder Schreibwettbewerbe darunter, die offiziell ausgeschrieben werden.

Und hat man als Lektor:in fähige Autor:innen an der Hand, besteht auch immer die Möglichkeit, zusammen tolle Geschichten zu entwickeln. Dabei spielt es keine Rolle, ob du über eine Agentur kommst, unverlangt dein Manuskript eingereicht hast oder auf eine andere Art entdeckt wurdest.

Worauf achten Lektor:innen bei Manuskripten besonders?

Ein wichtiger Punkt ist stets: Das Manuskript muss thematisch zu dem jeweiligen Verlag passen. Bei LYX beispielsweise ist die Chance sehr groß, dass wir uns Liebesgeschichten näher anschauen. Bei Manuskripten aus dem Horror-Genre wären wir wiederum eher zögerlich.

Was jedoch nicht heißt, dass diese Ausrichtung in Stein gemeißelt ist. Denn im Verlag wollen wir flexibel bleiben. Je nachdem, was den Lektor:innen spannend erscheint und welche literarischen Strömungen im Moment vorherrschen, kann sich ein solches Suchverhalten auch ausweiten oder verändern. Aber grundsätzlich wird jeder Verlag individuell entscheiden, was er sucht – was da gerade aktuell ist, kannst du leicht an den jeweiligen Programmen erkennen.

Vor allem muss ein Manuskript aber gut geschrieben bzw. sollte erkennbar sein, dass der Text Potenzial hat. Dass nicht immer gleich ein Meister vom Himmel fällt, ist selbstverständlich, denn wir wissen ja: Schreiben ist ein Handwerk, das man erlernen kann. Aber wir als Lektor:innen bemerken auch die »Zwischentöne«, das heißt, wir können feststellen, ob der Text nur noch etwas Feinschliff benötigt, da vielleicht doch noch mehr Übung vonnöten ist oder ein wenig mehr Erfahrung gesammelt werden sollte. Das beurteilen zu können ist jedoch kein Hexenwerk, sondern setzt lediglich Sprachgefühl und Erfahrung voraus. Die Devise lautet nämlich: Lesen! Lesen! Und noch mehr lesen! Denn dadurch entwickelt man ein immer besseres Gespür für Sprache und Texte.

Wie wird ein Manuskript eingekauft?

Wenn wir Lektor:innen unter all den Manuskripten, die wir jeden Tag sichten, ein spannendes Projekt entdeckt haben – also, einen Titel, der uns berührt, fesselt, mitreißt, uns schlicht und ergreifend überzeugt hat und auch noch perfekt in unser Programm passt –, dann kommt der Stein ins Rollen.

Zuerst versuchen wir, alle Punkte zusammenzutragen, die uns an dem Titel so gut gefallen haben, um ihn bestmöglich unseren Kolleg:innen vorstellen zu können. So können wir schon einmal vorab testen, wie der Titel ankommt. Das ist quasi die erste Hürde, die wir nehmen müssen. Das klingt jetzt vielleicht schlimmer, als es tatsächlich ist: Wir reden im Kolleg:innenkreis gern über Bücher, die uns fasziniert haben, und bekommen so ein erstes objektives Feedback.

Wenn alle begeistert sind und die Vorgesetzten ihr Okay erteilt haben, geht es an die **Akquise**: Für den Titel wird eine **Kalkulation** erstellt, mit anderen Worten, Zahlen werden zusammengetragen: Gibt es Vergleichswerte von ähnlichen Büchern? Wie hoch schätzt man den Verkauf des Buches ein? Welche Unkosten (u.a. Übersetzungs-, Lektorats- und Grafikkosten) muss man in die Berechnung einfließen lassen? Diese ersten Schritte sind von enormer Wichtigkeit. Kann ein Titel die Erwartungen nämlich nicht erfüllen – aus welchen Gründen auch immer –, ist es für alle Beteiligten eine Enttäuschung. Daher ist eine realistische Einschätzung unabdingbar.

Ist die Kalkulation in Ordnung, wird die Freigabe erteilt – und dann kann der:die Lektor:in in die Verhandlungen gehen. Dafür stellen wir ein Angebot zusammen, mit dem wir an den:die Autor:in bzw. seine:ihre Agentur herantreten. In diesem sogenannten **Proposal** halten wir all jene Dinge fest, die essenziell für den Autor:innenvertrag sind: Vorschuss, Tantiemen, Laufzeit und vieles mehr. Unter diesen Bedingungen wird dann verhandelt – und am Ende haben wir den Titel hoffentlich eingekauft.

Wie lange dauert es vom Vertrag bis zur Veröffentlichung?

Haben Lektor:innen einen Titel ins Trockene gebracht und sämtliche Details zwischen Agentur oder Autor:in und Verlag sind ausgehandelt, wird der **Vertrag** aufgesetzt und zur Unterschrift verschickt. Ab hier beginnt nun das Abenteuer »Büchermachen«. Bis das Buch dann veröffentlicht wird, vergeht oftmals ungefähr ein Jahr – das kann mal schneller gehen, mal länger dauern. Je nachdem, ob dein Manuskript schon vollständig vorliegt oder nicht. Aber **zwölf Monate** sind ein guter Durchschnittswert.

Wie wird ein Programm geplant?

In jedem Halbjahr – Frühjahr/Sommer sowie Herbst/Winter – steht der Programmleitung eine bestimmte Anzahl an Plätzen zur Verfügung, die mit Titeln gefüllt werden, um ein schönes und ausgewogenes **Programm** aufzustellen.

Dabei wird das Augenmerk auf eine dynamische Mischung aus Lizenzen (Übersetzungen) und deutschen Titeln gelegt; darüber hinaus wird versucht, die Balance zwischen Einzeltiteln, Reihenstarts und Serienfortsetzungen zu halten. Es wird darauf geachtet, dass Themen nicht mehrfach besetzt sind, es gibt mindestens einen **Spitzen-** und einen **Schwerpunkttitel** (das sind die Bücher, auf die in diesem Halbjahr ein besonderer Fokus liegt). Außerdem sollten die Abstände zwischen Folgebänden nicht zu groß werden … Du siehst, hier gibt es allerlei zu berücksichtigen und zu bedenken, damit das Programm abwechslungsreich wird. Die hierfür geplanten Titel haben wir im Idealfall bereits eingekauft, und dann wird geschaut, wie und wann sie am besten in unsere Planung passen.

Das fertige Programm wird dann für den **Vorschau-Katalog** aufbereitet, in dem alles perfekt sitzen sollte: die Texte, die Headlines und natürlich die Cover. Zudem wird das Programm während einer **Tagung** dem Außendienst (persönlich) in einem Vortrag vorgestellt, mit Schwerpunkten, Spitzentiteln und so weiter. Auf diese Weise sind die Verlagsvertreter:innen bestens gerüstet, um die Buchhändler:innen im Verkaufsgespräch von unseren Büchern zu überzeugen.

Welche (Werbe-)Texte schreiben Lektor:innen?

Jedes Halbjahr stehen für Lektor:innen die Vorschautexte und Vermarktungsbriefings an. **Vorschautexte** gehören (wie der Name schon verrät) in die Vorschau und teilen kurz und bündig mit – ähnlich dem Pitch –, worum es in dem jeweiligen Buch geht. Denn: Je präziser die Infos, desto besser können sich die Buchhändler:innen in der Masse an Büchern den Inhalt merken.

In den **Vermarktungsbriefings**, die vorrangig an die Kolleg:innen im Außendienst gerichtet sind, wird das Buch im Inhaltstext etwas ausführlicher zusammengefasst und **USPs** werden angegeben (also, die **Unique Selling Points** – das, was das Buch herausstellt und besonders macht). Das soll helfen, den Titel für die Außendienstvertreter:innen fassbarer zu machen, um die Buchhändler:innen von diesem zu überzeugen.

Jeden Monat ist es wiederum an der Tagesordnung, für die aktuellen Neuerscheinungen **Klappentexte** zu formulieren. All das Drama und die ganzen Gefühle müssen in kurze, aber aussagekräftige Texte eingewoben werden. Was manchmal ziemlich schweißtreibend sein kann, denn die wichtigsten Infos müssen auf kleinem Raum spannend verpackt werden.

Wie wird der perfekte Titel gefunden?

Titelfindung ist ein Thema für sich. Manchmal flutschen die Ideen regelrecht, und manchmal entstehen richtige Knoten im Gehirn, bis der perfekte Titel gefunden ist. Als Lektor:innen kommen wir mit dem jeweiligen Projekt (neben den Autor:innen) als Allererste in Kontakt und wissen daher, worum es in dem Buch geht, kennen die Details, die Handlung und die Figuren. Es liegt also an uns, einen passenden Titel zu suchen – und der muss nicht nur Genre und Inhalt widerspiegeln und die Leser:innen neugierig machen, sondern auch individuell und unterscheidbar sein.

Allein kommt man da manchmal nicht weiter, weswegen wir gern mit unseren Lektoratskolleg:innen brainstormen und uns die Ideen wie Bälle zuwerfen. Über die Vorschläge der beteiligten Autor:innen freuen wir uns ebenso. Schließlich sollen alle mit dem Ergebnis zufrieden sein.

Wenn wir dann den perfekten Titel gebrainstormt haben, folgt die nächste Hürde: der **Titelschutz**. Denn Buchtitel sind geschützt, sobald sie individuell und unterscheidbar sind. Im Idealfall existiert der ausgedachte Titel für dein neues Buch noch nicht, aber es gibt auch Fälle, bei denen wir uns einen Titel überlegt haben, der bereits ein lieferbares Werk ziert.

Was tut man in so einem Fall? Fällt dieses Buch in dasselbe Genre wie dein geplanter Titel, wird es schwer, eine Unterscheidbarkeit zu garantieren. Prangt deine Titelidee aber vielleicht auf einem Sachbuch, während du einen Liebesroman planst, dann ist diese Unterscheidbarkeit womöglich gegeben und du kannst den Titel nutzen. Man sollte das jedoch vorher mit den ursprünglichen Titelgeber:innen abklären.

Es wird also empfohlen, vor jeder Veröffentlichung eine **Titelschutzrecherche** durchzuführen und dann entsprechend zu agieren. Darüber hinaus ist es sinnvoll, den Titel so früh wie möglich schützen zu lassen, denn es geht nach dem Prinzip: Wer zuerst kommt, mahlt zuerst. Das *Börsenblatt des Deutschen Buchhandels* und der *BuchMarkt* bieten den Service an, Titel vorab zu veröffentlichen, damit Verlage und Selfpublisher:innen sich diese sichern können. Die erste **Titelschutzanzeige** kostet 30 Euro, jede weitere 2,50 Euro.

Wie wird entschieden, wie das Cover aussieht?

Wie bei der Titelfindung bereits erwähnt, sind wir als Lektor:innen die Ersten, die den Inhalt des Buches kennen. Wir erstellen also auch die **Cover-Briefings**, um für die Grafiker:innen die ersten Eingebungen und Impulse, die wir beim Lesen von Manuskript oder Exposé hatten, schriftlich festzuhalten.

Wir sind sozusagen die Ideenstifter:innen und bieten die Grundlage, mit der die Grafiker:innen dann arbeiten. Wir zeigen in den Briefings die Atmosphäre auf, die in dem Buch herrscht. Wir kommunizieren vielleicht, welche Optik uns vor Augen schwebt. Manchmal gibt es sogar schon ganz konkrete Vorstellungen für ein Cover, die man den Grafiker:innen dann direkt an die Hand geben kann.

Die Ideen unserer deutschen Autor:innen sind uns auch immer willkommen, denn sie besitzen bei uns grundsätzlich

Mitspracherecht – es soll schließlich kein Buch auf dem Markt erscheinen, mit dessen Cover der:die Autor:in unglücklich ist. Bei ausländischen Autor:innen wiederum ist es von Fall zu Fall verschieden, wie viel Mitspracherecht diese erhalten. Das wird jeweils vertraglich festgelegt.

Wie läuft ein Lektorat ab?

Ein Lektorat ist oftmals ein nervenzerreißendes Abenteuer, das Hingabe und Feingefühl erfordert – aber umso mehr zurückgibt, wenn das Buchbaby schließlich auf der Welt ist. Und was gibt es Tolleres, als die Autor:innen dabei zu unterstützen, ihren Geschichten ihr allerschönstes Gewand zu verpassen?

Bei **Übersetzungslektoraten** ist es vorrangig wichtig, sich um den Stil zu kümmern; zu prüfen, ob alle Sätze Sinn ergeben, ob es Wiederholungen oder Füllwörter gibt – im Grunde, ob der übersetzte Text nirgendwo hakt beim Lesen. Solche Titel werden von Verlagen zumeist an externe Lektor:innen ausgelagert.

Bei deutschen Manuskripten geben wir auch Hilfestellung beim **Plot** oder eben der Struktur des Buches. Wir stehen mit Rat und Tat zur Seite, um Plotlücken zu erkennen, die Story plausibel und stringent zu gestalten und zu schauen, ob der Spannungsbogen eingehalten wird. Zudem haben wir die **Figuren** im Blick (ja, wir sehen alles, was sie anstellen!), ob sie sich ihrem Charakter entsprechend entwickeln, ob sie genügend Identifikationspotenzial haben und ob die **Dialoge** glaubwürdig sind. Wo auch immer wir an diesen Punkten (und noch vielen mehr) gebraucht werden, sind wir zur Stelle.

Grundsätzlich gilt aber: Unser Job als Lektor:in ist es, den Stil der Autor:innen herauszustellen. Unsere Änderungen zielen darauf ab, genau diesen Stil zu unterstützen, freizulegen und quasi zum Blühen zu bringen. Wir wollen die Autor:innen nicht verändern oder ihnen unseren persönlichen Geschmack aufdrücken, sondern das Beste aus ihrem Manuskript herausholen, ohne ihren eigenen Stil zu verfremden oder aus den Texten etwas zu machen, was sie nicht sind. Vielleicht muss man die Autor:innen auch manchmal einfangen, wenn sie sich vergaloppieren – sei es sprachlich oder in der Struktur ihrer Geschichte. Doch wir versuchen das stets so umsichtig und einfühlsam zu handhaben wie nur irgend möglich.

PLOTLEKTORAT – die Struktur steht auf dem Prüfstand	**STILLEKTORAT – die Sprache steht auf dem Prüfstand**
Prüfen der Erzählstruktur – ergibt der Plot Sinn?	Prüfen der sprachlichen Besonderheiten
Stringenz – ist ein roter Faden vorhanden?	Gibt es Wortwiederholungen?
Chronologie – läuft alles zeitlich korrekt ab?	Sind holprige oder hölzerne Wörter/Sätze/Passagen vorhanden?
Plausibilität – ist alles logisch und nachvollziehbar?	Füllwörter raus
(Historische) Korrektheit	Überflüssige Adjektive löschen
Recherche spezieller Thematiken – ist das alles richtig?	Phrasen/ausgelutschte Formulierungen aufspüren

PLOTLEKTORAT – die Struktur steht auf dem Prüfstand	**STILLEKTORAT – die Sprache steht auf dem Prüfstand**
✦ Figurenentwicklung – haben sie genug Tiefe? Bieten sie Identifikationspotenzial? ✦ Beziehungen zwischen Figuren – passen sie zum Charakter der Figur? ✦ Spannungsbogen (übergreifend & kapitelintern) – ist der stimmig? ✦ Dialoge – sind sie glaubwürdig? ✦ Perspektive – stimmt sie? ✦ Genrekonventionen – passen die? ✦ Kapitelübergänge – sind die gelungen? ✦ Gibt es langweilige Szenen?	✦ Satzbau aufbrechen (Zu kurz? Zu lang?) ✦ Lesbarkeit ✦ Aktive Formulierungen (statt passiver Konstruktionen) ✦ Sind die Sprachbilder verständlich? ✦ Gibt es Anachronismen – sind Personen, Dinge oder Gegenstände im falschen zeitlichen Kontext eingeordnet? ✦ Nominalstil entfernen ✦ Duktus der Figuren passend? ✦ Infodump verhindern, sondern Wissen in den Text einflechten ✦ Atmosphäre prüfen ✦ Erzähltempo checken ✦ Einheitliche Schreibweisen

Wie lange dauert ein Lektorat?

Die Dauer eines Lektorats kann sehr unterschiedlich ausfallen. Dabei kommt es einmal darauf an, ob es sich um Übersetzungen oder Originalmanuskripte aus dem Deutschen handelt. Außerdem muss in Betracht gezogen werden, wie lang und als wie arbeitsintensiv sich der Ursprungstext herausstellt.

Im Schnitt wird ein umfassendes Lektorat für ein deutschsprachiges Manuskript **drei Monate** benötigen, da währenddessen der mehrfache Austausch zwischen Autor:in und Lektor:in stattfindet. Ein Übersetzungslektorat ist sicherlich in der Hälfte der Zeit zu schaffen.

Wie sieht das Verhältnis zwischen Autor:in und Lektor:in aus?

Bei deutschen Autor:innen begleiten die Lektor:innen die Arbeit an den Manuskripten sehr intensiv. Sie stehen mit den Autor:innen in regem Kontakt und sind deren Anlaufstelle für alle Wünsche, Sorgen oder Nöte. Lektor:innen haben immer ein offenes Ohr, ob es sich nun um einen Textnotfall handelt oder es auch nur darum geht, über die Haarfarbe der Protagonist:innen zu debattieren – es entspinnen sich gern leidenschaftliche Diskussionen.

Zwischen Autor:innen und ihren Lektor:innen besteht daher meist ein sehr besonderes Band, das von Vertrauen, Offenheit und einer Passion für schöne Texte geprägt ist.

Die Arbeit an einem Lektorat kann bisweilen sehr emotional sein – wie unsere Autorinnen dir gleich verraten werden –, aber denk daran: Dein:e Lektor:in steht dir dabei immer zur Seite und unterstützt dich, wo er:sie kann.

Was sind die Stadien, die du emotional während des Lektorats durchläufst?

APRIL DAWSON:

1. Vorfreude
2. Motivation
3. Zuversicht
4. Unsicherheit
5. Ärger
6. Panik
7. Verzweiflung
8. Liebe
9. Wehmut
10. Traurigkeit
11. Stolz

ANNE PÄTZOLD: »Motivatiooon!« – »Oh, das ist aber viel Rot.« – »Okay, das kriegen wir hin, Anne.« – »Oh …« – *weint in die Teetasse* – Repeat.

YVY KAZI:

1. Manuskript an Lektorin schicken.
2. Warten.
3. Jedes einzelne geschriebene Wort infrage stellen.
4. Mit Herzklopfen die Anmerkungen der Lektorin lesen.
5. Mich peinlich berührt fragen, wie ich das alles übersehen konnte.
6. Überarbeiten.
7. Sicherheitshalber alles noch einmal durchgehen. – Vorgang ab Punkt 1 beliebig oft wiederholen.

KARA ATKIN: Selbstzweifel, Frust, Erkenntnis, Dankbarkeit, Erschöpfung, Erleichterung.

MOUNIA JAYAWANTH: Freude – Verzweiflung – Freude – Verzweiflung …

ANNA SAVAS: So viele Kommentare? Oh Gott, wie soll ich das schaffen? Es ist alles ganz furchtbar! Hm, irgendwie ist das doch gar nicht so schlecht. Okay, es wird! Ob die Leser:innen es auch mögen werden? Ich liebe die Geschichte! Habe ich irgendwas vergessen? Muss ich wirklich loslassen?

SARAH SPRINZ: Erleichterung beim ersten Durchscrollen, weil es nicht so viel zu ändern gibt, wie ich dachte – weinen, weil mir kein einziger Satz mehr gefällt – über mich selbst lachen bei peinlichen Tippfehlern – Verzweiflung und stundenlang über jede Änderung nachdenken – Stolz, sobald der Text einen Schritt näher am fertigen Buch ist.

ANABELLE STEHL: In erster Linie Dankbarkeit, weil die Anmerkungen immer richtig gut waren und noch mehr aus dem Buch herausgeholt haben. Sobald ich damit anfange, folgt die Erschöpfung, haha. Ich mag Lektorate eigentlich, aber sie sind auf eine ganz andere Art und Weise anstrengend als das Schreiben.

Wie du siehst: Die Aufgaben im Lektorat sind vielfältig, vielschichtig und wunderschön. Wir sind der Dreh- und Angelpunkt sowohl für Autor:innen als auch für die anderen Abteilungen. Alle Wege führen anscheinend nicht nur nach Rom, sondern durchaus ins Lektorat. Hier laufen die Fäden zusammen bzw. werden in sämtliche Richtungen wieder ausgeworfen. Gemeinsam werden Maßnahmen geplant und beschlossen, um Autor:innen und ihre Bücher bestmöglich zu unterstützen. Und was wir alle gemeinsam haben – und das gilt abteilungsübergreifend – ist die Liebe zum Buch, die wir jeden Tag aufs Neue in unsere Arbeit einfließen lassen.

HERSTELLUNG & SATZ

Sobald also dein Manuskript aus dem Lektorat zurück ist, wird es schick für den Satz gemacht und grob gesagt für den Druckvorgang vorbereitet. Das heißt, die Kolleg:innen aus der Herstellung sorgen dafür, dass dein Text – im übertragenen Sinne – in Buchform gegossen wird. Die Normseiten werden nun in das Satzbild umgewandelt, das du aus den Büchern kennst, um es dann an eine Druckerei zu geben, die deine Worte zwischen die Buchdeckel presst.

Ist der Text gesetzt, müssen noch die letzten Fehlerteufel ausgemerzt werden, indem das Manuskript an die Korrektor:innen geschickt wird.

Darüber hinaus sind die Kolleg:innen aus der Herstellung auch dafür zuständig, E-Books zum Leben zu erwecken. Auch diese wichtige Aufgabe fällt in ihren Zuständigkeitsbereich.

Ohne die Herstellung wäre ein Buch also nicht das, was wir kennen. Ohne die Herstellung sähe es im Buch aus wie Kraut und Rüben. Und ohne die Herstellung käme dein Buch nicht in den Druck und somit in den Handel.

Wie das genau abläuft, erklärt dir eine Kollegin aus der Herstellung am besten selbst.

Wofür ist die Herstellung zuständig?

In der Herstellung entsteht sozusagen die »Verpackung« einer Geschichte. Als Hersteller:innen sind wir zuständig für alles Technische, haben die Materialien und Produktionskosten im

Blick sowie die gesamte Projektplanung und -überwachung, damit ein Buch pünktlich im Handel erscheint.

Um für einen reibungslosen Ablauf zu sorgen, ist der tägliche Austausch mit unseren Druckereien und Setzereien für uns unerlässlich, aber auch der mit dem Lektorat, dem Vertrieb oder der Grafik. Kurz gesagt ist die Herstellung eine ganz zentrale Schnittstelle im Verlag.

Vom Manuskript bis zum fertigen Buch: Was passiert genau im Satz?

Die Hersteller:innen erhalten vom Lektorat das finale Word-Manuskript, also die Version, mit der Autor:in und Lektor:in voll und ganz zufrieden sind. Im Idealfall wird dieses zu einem **Vorkorrektorat** herausgegeben, wo möglichst alle Rechtschreib-, Grammatik- und Kommafehler korrigiert werden, bevor das Manuskript wirklich in den Satz geht. Inhaltlich ändert sich dann nichts mehr.

Der Text muss nun in die Form gebracht werden, wie sie später im Buch zu sehen ist. Dazu wird im **Layout** genau festgelegt, wie viele Zeilen auf eine Seite sollen, wie viel Rand gelassen werden soll, welche **Schriftarten** in welcher Schriftgröße genutzt werden und wie die **Kapiteleingangsseiten** aussehen sollen. Um eine harmonische Verbindung zwischen Umschlag und Innenteil zu schaffen, verwenden Hersteller:innen gern die Schriften des Covers oder auch, falls vorhanden, kleine Elemente vom Cover für die Kapitelanfänge.

Wenn der Text dann ins Layout eingeflossen ist, schauen wir noch einmal genau, ob alle Seiten gut aussehen, zum Beispiel sollten Kapitel nicht mit nur einer Zeile auf einer neuen Seite enden. Auch der **Umfang** eines Buches ist zu prüfen, weil nur zu diesem Zeitpunkt noch problemlos Änderungen am **Satzspiegel**, also der bedruckten Fläche einer Seite, vorgenommen werden können. Um den richtigen Buchumfang zu erreichen, gibt es verschiedene Optimierungsmöglichkeiten im Satz, z.B. durch eine kleinere Schriftgröße passt schon mehr Text auf eine Buchseite, oder es können zusätzlich noch die Einstellungen am **Steg** (die Ränder zwischen Satzspiegel und Papierkante) verändert werden, um das gewünschte Ergebnis zu erzielen. Auf gute Lesbarkeit kommt es uns dabei auch an.

Das neu erstellte Dokument nennen wir **Umbruch** oder **Satzlauf**. Früher wurde auch Druckfahne dazu gesagt. Aber weil wir inzwischen keine Ausdrucke mehr benötigen und auf einen rein digitalen Workflow umgestellt haben, ist dieser Begriff mittlerweile veraltet.

WARUM IST DER RICHTIGE BUCHUMFANG SO WICHTIG?

Zum einen orientiert sich der festgelegte Ladenpreis am Buchumfang und steht damit unmittelbar in Abhängigkeit zu den Produktionskosten. Zum anderen gibt es noch einen technischen Aspekt, der mit dem Druck und der Weiterverarbeitung eines Buches zusammenhängt. Ein Buch besteht immer aus mehreren Druckbogen, also mehreren Papierlagen, die später in der Buchbindemaschine zusammengetragen und gebunden werden. Aus einem **Druckbogen** entstehen sechzehn Buchseiten, sodass der Umfang für die spätere Produktion immer durch sechzehn teilbar sein muss.

Wie läuft ein Korrektorat ab?

Nun kommt die **Umbruchkorrektur**, in der besonders auf unschöne Trennungen geachtet wird und Zeilenüberhänge angeglichen werden. Dabei erfolgt ein **Zeilenausgleich**, um typografische Fehler wie z. B. Hurenkinder zu vermeiden. Ein **Hurenkind** ist die letzte Zeile eines Absatzes, die nicht allein auf der folgenden Seite stehen darf. Es müssen mindestens zwei Zeilen zusammenbleiben. Damit der Text leichter lesbar ist und schön aussieht, ist es wichtig, in der Umbruchkorrektur die fehlenden oder überflüssigen Zeilen auszugleichen. Durch kleine Korrekturen kann man bewirken, dass der Text genau auf die Seite passt oder ein Absatzanfang auf die nächste rutscht. Das Lektorat schickt uns dann die Zeilenausgleiche mit den letzten Korrekturen, die wir an die Setzerei weitergeben.

In der Regel wiederholt sich dieser Arbeitsschritt einige Male, um auch alle inhaltlichen Korrekturen, Rechtschreib-, Grammatik- und Kommafehler noch zu berichtigen, was von externen Korrektor:innen ausgeführt wird, bevor das Buch in den Druck geht. Wenn im gedruckten Buch noch Fehler auffallen, werden diese in der Herstellung für eine Nachauflage berücksichtigt oder im E-Book manchmal auch direkt korrigiert.

Wie lange dauert es, bis das redigierte Manuskript in Druck geht?

Vom redigierten Word-Manuskript bis zu den finalen Druckdaten, also von Innenteil und Umschlag, planen Hersteller:innen und Lektor:innen **ca. drei Monate** für die Produktion ein. Aber das können wir natürlich auch schneller – vor allem bei brandheißen, aktuellen Stoffen.

GRAFIK

Dass in der Verlagswelt ein Buch tatsächlich auch nach seinem Äußeren beurteilt wird, spricht eigentlich gegen die englische Redensart »Don't judge a book by it's cover!«. Natürlich soll nicht nur der äußere Eindruck eines Buches zählen, denn der Inhalt ist und bleibt ein immens wichtiger Faktor – dennoch hat das Cover eine sehr ausschlaggebende Funktion: Ein ansprechendes Cover ist immer ein Kaufanreiz.

Es verführt die Käufer:innen nicht nur dazu, einen genaueren Blick auf das Buch zu werfen, es intensiver unter die Lupe zu nehmen und sich mit dem Inhalt auseinanderzusetzen, sondern Cover vermitteln dir auch oftmals direkt, welchem Genre der jeweilige Titel zugeordnet ist. Das Design macht also nicht nur neugierig, es gibt auch – durch Symbole, Schriftarten, Farben oder Motive – Hinweise auf den Inhalt des Werks. Dafür müssen die Leser:innen meist nicht einmal ein Wort des Klappentextes gelesen haben. Das Cover spricht da für sich.

Doch das ist noch nicht alles: Cover sind auch Aushängeschilder für einen Verlag. Ein entsprechendes Design hilft dabei, den Wiedererkennungswert eines Verlags oder eines Labels zu bestimmen. Das gilt selbstverständlich auch für Autor:innen. Um eine:n Autor:in als **»Marke«** zu etablieren – sodass du sofort erkennst, dass du das Buch einer deiner Lieblingsautor:innen vor dir hast –, ist das Coverdesign ein maßgebliches Instrument.

Eine hübsche Außenhülle ist also nicht nur dekorativ, sondern erfüllt auch einen Zweck. Deswegen sind Cover so wichtig für Verlage und die Schriftsteller:innen. Unsere Kolleg:innen aus den Grafikabteilungen leisten also einen wertvollen Beitrag dazu, dass dein Buch durch eine attraktive Verpackung die Leser:innen anlockt.

Aber lassen wir sie selbst zu Wort kommen und erklären, wie sie all die schönen LYX-Cover gestalten.

Wie entsteht ein Cover?

Aller Anfang liegt für Grafiker:innen bei der internen Programmpräsentation. Hier begegnen wir den neuen Geschichten im kommenden Programm das erste Mal – Moodboards und inhaltliche Erzählungen in der Präsentation nehmen uns schon mit auf eine Gedankenreise in das jeweilige Setting und die Geschichten der Protagonist:innen. Als Grafiker:innen erhalten wir dann vom Lektorat ein **Coverbriefing** mit sämtlichen relevanten Informationen zum Projekt wie Titel und Autor:innenname, Abmessungen und Produkttyp, eine kurze Inhaltsangabe und eventuell noch Ideen und Wünsche von den Autor:innen und dem Lektorat.

Im ersten Schritt sichten wir all diese Informationen und versuchen, ein Gefühl für das Setting und die Protagonist:innen zu bekommen. Das (vollständige) Manuskript gibt es zu diesem Zeitpunkt oft noch gar nicht, aber manchmal lesen wir kleine Textausschnitte zur Inspiration. Dabei würde es uns in unserer Vorstellungskraft und Kreativität vielleicht sogar einschränken, zu viel darüber zu wissen. Anschließend durchsuchen wir mit Stichworten, die zum Inhalt passen, verschiedene **Bildagenturen** nach geeigneten Bildmotiven und sammeln erste Ideen für die Coveroptik.

Unter Verwendung der Adobe-Programme Photoshop, Illustrator und InDesign fertigen wir die ersten Collagen an. Zu diesem Zeitpunkt setzen wir auch passende Schriftarten auf die Entwürfe. Haben wir zwei bis drei geeignete Ideen gefunden, erstellen wir das finale Coverlayout als Präsentation für das Lektorat.

Die Lektor:innen und auch die Autor:innen sammeln ihre Eindrücke zu den Entwürfen und geben uns ihr Feedback. So entsteht mithilfe ihrer gewünschten Anpassungen das finale Cover.

Welche Vorgaben erhalten Grafiker:innen bei der Covergestaltung, wo könnt ihr freier arbeiten?

Wir erhalten folgende unveränderbare Vorgaben für die Covergestaltung: den Produkttyp (Paperback oder Hardcover) und damit einhergehend die Produktabmessungen. Außerdem findet sich im Coverbriefing der Titel, ggf. Untertitel und der Autor:innenname. Ansonsten sind die Vorgaben ganz individuell – das reicht von sehr detaillierten Vorstellungen und Wünschen bis zur vollkommenen Freiheit in der Gestaltung. Haben wir bei einem Buch ein anderes Gefühl für das Cover als vom Lektorat im Briefing vorgegeben, bieten wir auch gern einen weiteren Entwurf nach unseren eigenen Vorstellungen mit an.

Wo findet ihr Inspiration?

ÜBERALL! Wir stöbern gern online auf Plattformen wie Pinterest, Instagram, TikTok und Behance. Wir lassen uns von allem in unserem Umfeld inspirieren – von Plakaten, Audiocovern, Filmplakaten, Zeitschriften und sogar Verpackungen. Auch Filme, Serien und Musik inspirieren uns – natürlich passend zum aktuellen Cover. Ebenso hilfreich ist der kreative Input durch Messen, Workshops und Veranstaltungen. Aber auch bei der Bildersuche in den zahlreichen Bildagenturen entstehen in unseren Köpfen viele Ideen und immer neue Wege, ein Cover zu gestalten.

Wie wird entschieden, welche Ausstattung ein Cover erhält?

Hier gibt es verschiedene Wege. Schon im Briefing können mögliche Wunsch-Veredelungen aufgeführt sein. Oft entstehen bei der Coverentwicklung erste Ideen für die **Veredelung**, die wir anhand der Layouts simulieren. Eine weitere Option ist das direkte Gespräch mit der Herstellung über die mögliche Ausstattung. Für manche Titel werden dann sogenannte **Andrucke** erstellt. Dabei werden verschiedene Veredelungen kombiniert und vorab gedruckt, sodass man sehen kann, ob alles so funktioniert, wie man es sich vorgestellt hat, und ob es hübsch aussieht. Anhand dieser Andrucke entscheiden wir dann gemeinsam die finale Coverausstattung.

VERTRIEB

In einem Verlag steht dir als Autor:in die geballte Stärke und Expertise des Vertriebs zur Verfügung: Die Kolleg:innen sorgen dafür, dass dein Buch im Rampenlicht steht, also in den Regalen der Buchläden, oder bei Online-Versandhändlern auftaucht. Sie sind die treibende Kraft, die dafür verantwortlich ist, dass du und dein Buch im Handel gesehen werdet. Und wenn Bücher gut sichtbar sind, werden auch mehr Leser:innen auf deine Geschichten aufmerksam.

Der Vertrieb trägt dein Buch hinaus in die Welt und kümmert sich darum, dass es an den richtigen Stellen präsent ist. Dafür setzen die Kolleg:innen alle Hebel in Bewegung – sowohl der Innendienst als auch die Vertreter:innen, die die ganzen Buchhandlungen besuchen und die neuen Bücher anpreisen. Die Vertriebsabteilung sorgt auch dafür, dass die Bücher lieferbar bleiben und der Buchhandel entsprechend mit den Werken ausgestattet ist. Obendrein werden auch hier Werbemaßnahmen rund um dein Buch geplant. Wie das alles genau abläuft, beleuchten dir unsere Kolleg:innen aus dem Vertrieb nun genauer.

Wofür ist der Vertrieb im Verlag zuständig?

Wir im Vertrieb begleiten unsere Projekte gleich von Beginn an, um sicherzustellen, dass wir einen Titel bestmöglich positionieren und somit den größten Erfolg für die Autor:innen und ihre Bücher ermöglichen können.

Gleich bei der Akquise schauen wir zusammen mit den Lektor:innen und den anderen vermarktenden Abteilungen, wie wir die Stoffe platzieren können, und entwickeln Konzepte für die **Vermarktung**. Das beinhaltet den richtigen Zeitpunkt für die Veröffentlichung, die Bewerbung und auch die Produktion von Werbemitteln. Der Titel soll so gut wie möglich in den Buchhandlungen im Fokus stehen, und die richtigen **Werbemittel**, man könnte vereinfacht auch »Deko« sagen, unterstützen diese Präsentation zusätzlich.

Im weiteren Verlauf kümmert sich der Vertrieb dann um die Lieferbarkeit der Bücher, ist Ansprechpartner für die Händler:innen und sichert auch online die Auffindbarkeit der Titel.

Doch all diese Dinge passieren in enger Zusammenarbeit mit vielen anderen Abteilungen im Haus.

Welche konkreten Aufgaben fallen im Vertrieb an, und wer kümmert sich darum?

Im Vertrieb arbeiten sehr viele Menschen mit ganz unterschiedlichen Funktionen. Im **Innendienst** haben wir den **Kundenservice**, der unermüdlich am Telefon für unsere Buchhändler:innen bereitsteht und bei Fragen und Bestellungen hilft. Die **Disposition** kümmert sich zusammen mit der Herstellung um die Erhältlichkeit und Produktion unserer Titel, ganz egal, ob es sich um eine Printausgabe oder ein E-Book handelt. Das **Labelmanagement** ist die Schnittstelle zwischen Lektorat, Marketing, Presse und Vertrieb und sorgt dafür, dass alle Ideen und Projekte zu einem Titel, also mögliche Werbemaßnahmen und -mittel, gut umgesetzt werden können. Das **Key-Account-Management** kümmert sich um unsere Großkunden, die großen Buchhandlungsketten, präsentiert ihnen regelmäßig unsere Programme und stellt sich all den großen und kleinen Herausforderungen, um die Bücher in die Regale der Buchhandlungen zu bringen.

Dann gibt es noch den **Außendienst**. Er reist, sobald unsere neuen Programme vorliegen, in all die Buchhandlungen in Deutschland, Österreich und der Schweiz, die nicht vom Key Account betreut werden, und sorgt genauso dafür, dass unsere Titel in all deinen Lieblingsbuchhandlungen zu finden sind.

Was genau passiert auf einer Vertretertagung?

Zu jedem neuen Programm besucht uns der Außendienst im Verlag, um gemeinsam mit Kolleg:innen aus allen Abteilungen die neuen Bücher zu besprechen. Dabei geht es dann um Themen wie: Wo setzen wir unsere Schwerpunkte im Programm? Wie können wir eine:n Autor:in am besten platzieren? Und wie schätzen wir die Verkaufszahlen eines Titels ein? Das Lektorat stellt alle neuen Bücher vor, und der Innendienst, das Marketing und die Presse berichten, welche Maßnahmen für die Titel geplant sind. Dabei ist es wichtig, ein gemeinsames Verständnis für unsere Titel und deren Potenziale zu entwickeln. Das ist für uns alle natürlich sehr aufregend, weil es nun endlich mit dem neuen Programm losgeht.

Wie kommt das fertige Buch in die Buchhandlung?

Alle Mitarbeiter:innen mit Kundenkontakt, d. h. Außendienst, Key-Account-Management und Kundenservice, sprechen zu jedem neuen Programm, also zweimal im Jahr, mit ihren Buchändler:innen und stellen ihnen die Titel inhaltlich vor. Auch die geplanten Werbe- und Pressemaßnahmen sowie unsere Erwartungen für die jeweiligen Bücher werden bei diesen Gesprächen kommuniziert. Dabei erläutern unsere Verkäufer:innen, für wen das Buch geeignet ist oder wen es besonders ansprechen könnte (die **Zielgruppe**), und beraten die Buchhändler:innen, welcher Titel zum neuen Lieblingsbuch ihrer Kund:innen werden könnte.

Wofür ist die Vorschau da?

Die Vorschau ist unsere wichtigste Verkaufsunterlage für den Einverkauf der Bücher in die Buchhandlungen. Alle wichtigen Informationen sind hier auf einen Blick zusammengefasst: Cover, Inhalt, Infos zu Autor:innen, Maßnahmen und, und, und …

Diese Informationen sind eingebettet in eine liebevolle Gestaltung, die so die Emotionen rund ums Buch transportieren und im Verkaufsgespräch unsere Buchhändler:innen gleich in die Welten unserer Titel entführen soll.

ONLINE-MARKETING

Sobald ein Buch für ein Programm eingeplant ist, beginnen im Online-Marketing die Überlegungen, wie man das Werk am besten werbetechnisch begleiten kann, welche Maßnahmen sinnvoll und kreativ sind, um dem Buch den Weg in die Buchhandlung und die Herzen der Leser:innen so bunt und so schön wie möglich zu pflastern.

Die Kolleg:innen aus dieser Abteilung sind für dich als Autor:in gewissermaßen deine Cheerleader:innen – sie machen die Leser:innen da draußen auf dich und dein Buch aufmerksam, animieren sie mit ihren Maßnahmen zum Kaufen und feuern dich einfach mit an. Das Online-Marketing ist dabei sowohl digital als auch im »richtigen« Leben unermüdlich und versucht, die Fäden bei allen Online-Aktivitäten zusammenzuhalten. Außerdem stehen die Kolleg:innen aus dem Marketing dir als Autor:in bei allen möglichen Social-Media-Fragen mit Rat und Tat zur Seite.

Wie ihre Arbeit genau aussieht, erzählen sie dir am besten selbst.

Was gehört alles zum Marketing?

Während der Vertrieb sich darum kümmert, dass die LYX-Bücher in die Buchhandlungen kommen, sorgen wir im Marketing dafür, dass die Geschichten auf ihrem Weg in die Regale bestmöglich begleitet werden – sowohl »im echten Leben« als auch digital! Dabei nimmt das **Online-Marketing** einen großen Teil unserer Arbeit ein. Hierzu zählt alles, was du mitbekommst, wenn du im Internet unterwegs bist. Und auch wenn **Social Media** einem dabei als Erstes in den Sinn kommt, ist es längst nicht das Einzige, was uns im Online-Marketing umtreibt! Die Betreuung unserer **Website**, die Pflege unseres **Newsletters**, das Planen von digitalen **Events und Aktionen** und auch das Schalten von **Anzeigen (Ads)** – quasi die Plakatwerbung des Internets – gehören zum Online-Marketing.

Wie wird entschieden, welche Marketingmaßnahmen ein Titel erhält?

Am liebsten möchten wir als Verlag jedes Buch mit aufwendigen Marketingmaßnahmen unterstützen, weil wir wissen, dass jede einzelne Geschichte das absolut verdient hat. Faktisch ist uns dies aber leider nicht möglich, denn vom ersten Brainstorming über die Organisation und Planung bis hin zur konkreten Umsetzung vergehen viel mehr Stunden, als uns während unserer Arbeitstage zur Verfügung stehen. Also heißt es: strategisch vorgehen!

Pro Verlagsprogramm konzentrieren wir uns auf sogenannte **Spitzen- und Schwerpunkttitel**, in denen wir das Potenzial sehen, stellvertretend für das gesamte Programm stehen zu können. Zum Beispiel werden hier häufig Reihenauftakte gewählt, um die gesamte Reihe einmal im Detail vorstellen zu können.

Welche Titel konkret zu Spitzen- und Schwerpunkttiteln erkoren werden, entscheiden wir gemeinsam als Team. Nicht nur Lektorat und Marketing, sondern auch Vertrieb und Presse geben ihren Input. Schlussendlich liegt die Entscheidung bei der Programm- bzw. Verlagsleitung.

Dass Spitzen- und Schwerpunkttitel hervorgehoben werden, bedeutet allerdings nicht, dass für alle anderen Bücher eines Verlagsprogramms gar keine Maßnahmen umgesetzt werden. Natürlich werden auch diese Geschichten in die Social-Media-Planung eingebunden, im Newsletter vorgestellt, auf Messen ausgestellt oder als Teil einer Themenkampagne mit Ads beworben. Denn als Verlag ist es uns wichtig, dass all unsere Bücher gesehen werden und ihre Leser:innen finden.

Was macht der Verlag für Autor:innen? Was kannst du selbst tun?

Hat ein Verlag dein Manuskript eingekauft, liegt die Verantwortung für die nächsten Schritte erst einmal beim Verlag. Ab diesem Moment ist aus deiner Geschichte, an der du so lange allein gearbeitet hast, ein **Teamprojekt** geworden, an dem nun alle Abteilungen eines Verlags mitarbeiten.

Das bedeutet keinesfalls, dass du ab sofort nicht mehr mitreden darfst. Ganz im Gegenteil! Wenn du Ideen hast, wie du deine Geschichte gern bewerben und bekannt machen möchtest, lass sie uns unbedingt wissen. Wir haben gleich mehrere offene Ohren im Marketingteam für dich! In Absprache und Zusammenarbeit mit dir erarbeiten wir dann einen Redaktionsplan, der passend für dein Buchprojekt ist. Aber du kannst das Brainstorming auch getrost in den Händen deines Verlagsteams lassen. Sind alle Ideen zusammengetragen, könnt ihr gemeinsam schauen, welche Maßnahmen sich tatsächlich umsetzen lassen.

Als Autor:in kannst du heutzutage ganz viel selbst organisieren, wenn du Spaß an Marketingaktivitäten hast. Du kannst dir einen eigenen **Social-Media-Account** aufbauen und dort

Zitate aus deinem Buch teilen, Steckbriefe zu deinen Figuren posten, Charaktertests entwickeln oder sogar gemeinsam mit deinen Leser:innen eine **Leserunde** veranstalten. Vielleicht hast du ja auch Lust, in einem **Livestream** deiner Community Fragen zu deinem Buch zu beantworten?

Die Bandbreite an Aktionen, die du selbst umsetzen kannst, ist groß. Bei alldem gilt jedoch: Du kannst, aber du musst nicht. Dein Verlag steht dir für alle Marketingaktivitäten sowohl beratend als auch organisatorisch zur Seite und wird mit dir gemeinsam abstimmen, was für dein Buch sinnvoll ist und womit du dich wohlfühlst.

Welche Social-Media-Kanäle sollten angehende Autor:innen bespielen?

Wenn du selbst gern liest, hast du doch sicher schon einmal gedacht: *Von meinen Lieblingsautor:innen würde ich sogar den Einkaufszettel lesen!* Auch wenn sich der Gedanke vielleicht erst einmal surreal für dich anfühlt: Deinen Leser:innen wird es ganz genauso gehen! Auch sie interessieren sich für dich als Person, für deinen Alltag und deine Lesetipps und sind gespannt darauf, mehr von dir als Autor:in und über deinen Schreibprozess zu erfahren. **Social-Media-Kanäle** bieten dir dazu die perfekte Möglichkeit.

Was erwartet man von mir? ist aber keinesfalls die Frage, die du dir in Bezug auf deine Social-Media-Kanäle stellen solltest. Horch lieber in dich selbst hinein: *Auf welchen Kanälen fühle ich mich wohl? Welcher Content macht mir Spaß?* Versuch nicht, überall ein wenig aktiv zu sein, sondern konzentriere dich auf die Netzwerke, aus denen du für dich selbst einen Mehrwert ziehen kannst.

Sicherlich möchtest du gern mit deinen Leser:innen im Austausch sein. Für diesen Zweck allein bieten sich aber alle Social-Media-Plattformen an. Überleg dir daher vor allem, auf welchen Kanälen du selbst am liebsten unterwegs bist. Fotografierst du gern? Dann ist **Instagram** deine Plattform! Drehst du lieber kurze Videos oder hast Freude daran, in die Kamera zu sprechen? Dann ist die #BookTok-Community auf **TikTok** ja vielleicht der perfekte Ort für dich. Auch wenn die deutschsprachige Buch-Community aktuell auf Instagram am stärksten ist und auf TikTok wächst, ist es am wichtigsten, dass dein Social-Media-Kanal zu dir passt.

Wie aktiv müssen Autor:innen auf Social Media sein?

Ein Geheimrezept für den perfekten Autor:innenaccount gibt es nicht. Wie viele Leser:innen du mit deinen Beiträgen auf Social Media erreichst, hängt von einem **Algorithmus** ab, einem technischen Tool, das im Hintergrund auf allen Plattformen berechnet, welche Posts mit hoher Reichweite ausgespielt werden sollen und welche nicht. Regelmäßigkeit der Postings, Hashtags, Textqualität, aber auch Likes, Kommentare und geteilte Inhalte: Es gibt viele Faktoren, die der Algorithmus bei der Bewertung deines Accounts einbezieht – das klingt im ersten Moment sicher kompliziert!

Davon solltest du dich aber nicht einschüchtern lassen. Vergiss nie, vor allem auf dich selbst zu hören: Sei so aktiv, wie es sich für dich richtig anfühlt – und nimm dir eine Auszeit, wenn du sie brauchst.

Und wenn Social Media gar nichts für dich ist …?

Dann ist das okay! Als Autor:in muss dein Herz nicht für Social Media schlagen, sondern für Geschichten. Zwing dich nicht dazu, einen Kanal zu betreiben, der von dir mehr abverlangt, als er dir zurückgeben kann. Social Media ist zwar eine großartige Möglichkeit, um sich zu vernetzen und mit Leser:innen in Kontakt zu treten, aber längst nicht die einzige.

Vielleicht magst du dich lieber per Mail austauschen? Dann ist ein **Newsletter** möglicherweise das richtige Tool für dich. Möchtest du gern ausführlich davon berichten, was dich umtreibt, und findest auf Social Media dafür einfach nicht genügend Platz? Eine **Website** mit einem eigenen **Blog**-Bereich könnte dir dabei helfen, dir für deine Gedanken einen sicheren Platz zu schaffen. Wenn du dich jedoch voll und ganz auf deine Geschichten konzentrieren möchtest, ist das ebenfalls in Ordnung. Dafür steht dir bei einer Veröffentlichung bei einem Verlag ein Team zur Seite, das dies gern für dich übernimmt!

Welche Tipps könnt ihr zukünftigen Autor:innen beim Kontakt mit Leser:innen online geben?

Bleib du selbst und achte auf dich! Teil, was dir Spaß macht, und lass dich nicht davon beeinflussen, was auf anderen Social-Media-Accounts passiert. Ganz egal, welche Kanäle du für dich entdeckst, sei es Social Media oder auch ein eigener Newsletter oder Blog: Es sollte dein persönlicher *Happy Place* sein – wenn du dich mit deinem Content wohlfühlst, werden auch deine Leser:innen gern auf deinen Plattformen stöbern.

Leider ist nie auszuschließen, dass dich auch einmal Nachrichten erreichen werden, die dich kalt erwischen. Negative Rezensionen gehören zum Autor:innenleben dazu, teilweise sind die Kritikpunkte sehr harsch formuliert, und sogar nett gemeinte Privatnachrichten können ziemlich unangenehm zu lesen sein. Dass sich das schlecht anfühlt, ist absolut okay. Wichtig ist, dass du zu akzeptieren lernst, dass du mit deiner Geschichte nicht alle Leser:innen gleichermaßen begeistern kannst – und auch gar nicht musst! Sollte dir bei deiner Veröffentlichung ein Verlag zur Seite stehen, kannst du die Verfasser:innen der unangenehmen Nachrichten mit ihrer Kritik stets an das Verlagsteam verweisen, das die Beantwortung für dich übernimmt.

Du und dein Verlag seid ein Team, und dein Buchprojekt liegt euch beiden sehr am Herzen! Scheu dich also nicht davor, etwas anzusprechen, das dir auf der Seele brennt. Wir haben für deine Anmerkungen, Ideen und Bedenken immer ein offenes Ohr!

Hast du irgendwelche Tipps, wie man online am besten mit seinen Leser:innen in Kontakt treten kann?

MORGANE MONCOMBLE: Für mich ist es sehr wichtig, ganz nah an meinen Leser:innen zu sein. Ich bin sehr aktiv auf Social Media, überwiegend auf Instagram. Ich teile dort alles mit meinen Follower:innen: meine Romane, meinen Schreibprozess, mein Leben, die Bücher, die ich lese ... Und ich habe die Erfahrung gemacht, dass das den Leuten gefällt. Ich beantworte auch immer private Nachrichten. Das macht mich sehr glücklich, und ich hoffe, meine Leser:innen auch.

ANABELLE STEHL: Zuhören – ich denke, das gilt online wie offline. Ich liebe die Interaktion mit meinen Leser:innen, viel mehr noch, als Fotos auf Instagram zu posten. Ich freue mich immer riesig über Nachrichten, ob jetzt zu den Büchern oder zu irgendwelchen Serien, die ich in der Story poste. Und mich interessieren die Meinungen der anderen dazu total.

AVA REED: Ich denke, da muss jede:r für sich einen passenden Weg finden. Manche Menschen sind kommunikativer, ihnen fällt es leichter, auf andere zuzugehen und sich zu öffnen, anderen eher weniger – und das ist auch okay so. Es gibt viele Möglichkeiten: über diverse Plattformen wie Instagram, TikTok, Facebook; per Videoaufnahmen, Live-Videos, Beiträgen, Newslettern und mehr. Auf welchem Weg und wie oft man etwas von sich mit Leser:innen teilt oder mit ihnen kommuniziert, kommt immer auf den Menschen selbst an und den Anlass. Das Beste ist, das zu machen, womit man sich wohlfühlt.

VERANSTALTUNGEN

Neben dem Bücherschreiben ist es für Autor:innen ein ganz besonderes Abenteuer, Lesungen zu halten und dabei den Kontakt zu ihren Leser:innen zu pflegen. Für die einen ist das vielleicht eine große Herausforderung, für die anderen kann es sich wiederum einfach wie nach Hause kommen anfühlen – intensiv und bereichernd sind solche Erfahrungen immer.

Die Kolleg:innen aus der Presseabteilung unterstützen dich als Autor:in aber dabei nach Kräften, diese Veranstaltungen so schön wie nur möglich zu gestalten, um sie zu einem unvergesslichen Erlebnis zu machen. Sie stehen dir ebenso mit Rat und Tat und langjähriger Erfahrung zur Seite, wenn es um Messeauftritte geht, damit du dich als Autor:in ungestört mit anderen Schreibenden treffen oder dich mit Gleichgesinnten und Bücherverrückten austauschen kannst.

Unsere Kollegin gewährt dir hier einen exklusiven Einblick in die Organisation all dieser tollen Veranstaltungen.

Welche Veranstaltungen organisiert der Verlag?

Wir organisieren alle Veranstaltungen mit Buchhandlungen, Bibliotheken und auf Festivals. Das sind meistens **Lesungen** und/oder **Signierstunden**. Die Veranstalter:innen werden über unsere Homepage, Verlagsvorschauen und Folder auf unsere Autor:innen aufmerksam gemacht und haben dann die Qual der Wahl.

Wie läuft die Organisation von Lesungen und Lesereisen ab?

Die verschiedenen Formate unterscheiden sich hinsichtlich der Organisation. Für eine große **Lesereise** wird erst mit den Autor:innen ein Zeitraum abgesprochen, dann überlegen wir gemeinsam, welche und wie viele Städte infrage kommen und welche Reiseroute sinnvoll ist. Anschließend fragt unser Eventteam bei den möglichen Handelspartner:innen an und macht die Verträge für die Veranstaltungen fertig. Dann wird die Reise geplant und Fahrkarten, Hotels etc. für die Autor:innen und eventuell eine:n Begleiter:in aus dem Verlag gebucht. Es wird abgesprochen, wer sich wann, wo und mit wem trifft und was wir vor Ort alles brauchen.

Last, but not least geht es um das Bewerben der Veranstaltung. Die schöne Nachricht sollte möglichst auf allen Kanälen von Autor:in, Verlag und Veranstalter:in zeitgleich bekannt gegeben werden.

Es gibt aber auch viele Anfragen von einzelnen Veranstalter:innen, diese werden dann individuell mit den Autor:innen abgesprochen und geplant.

Welche Buchmessen gibt es im In- und Ausland?

Buchmessen, hach, wie schön. Dieses überwältigende Gefühl, wenn du das erste Mal eine Messehalle voll mit Büchermenschen und Büchern betrittst, ist einfach unvergesslich. Ich wollte damals am liebsten für immer dort bleiben. Für unsere Autor:innen und uns sind die Begegnungen mit der LYX-Community wie ein Lebenselixier. In Deutschland gibt es viele tolle Buchmessen. Die beiden größten finden im Frühjahr in Leipzig und im Herbst in Frankfurt statt und sind von ihrer Ausrichtung her grundverschieden.

LEIPZIGER BUCHMESSE:

Leipzig ist eine sogenannte **Publikumsmesse**. An allen Tagen können Besucher:innen aus der ganzen Welt die Verlagsstände und Veranstaltungen besuchen. Abseits der Messe findet **Leipzig liest** statt, ein Lesefest in ganz Leipzig auf mehr als 550 Bühnen – von der Buchhandlung bis zur Kirche, alles kann dabei zu einer Lesebühne werden.

FRANKFURTER BUCHMESSE:

Die Buchmesse in Frankfurt ist die größte Buchmesse der Welt und eher eine **Arbeitsmesse**. Hier darf das Publikum nur an zwei Tagen in die Messehallen. An den **Fachbesuchertagen** treffen sich Autor:innen, Verleger:innen, Buchhändler:innen, Agent:innen, Illustrator:innen – eben alle Menschen, die beruflich mit Büchern zu tun haben. Es wird informiert, verhandelt, gekauft, gestöbert, genetzwerkt, es werden neue Talente entdeckt und natürlich neue Bücher in ein strahlendes Licht gerückt. Auch hier gibt es Lesefeste: **Open Books** innerhalb des Messegeländes und das **Bookfest** in Frankfurt City mit tollen Veranstaltungen. Am Wochenende ist dann das Publikum dran – Blogger:innentreffen, Signierstunden und Cosplay sind nur wenige Dinge, die es zu entdecken gilt.

SONSTIGE MESSEN:

In Österreich und der Schweiz sind **Buch Wien** und **Buch Basel** die größten internationalen Buchmessen. Ähnlich wie Frankfurt und Leipzig und doch auf ihre Art besonders und besuchenswert. Auch ein Besuch in Turin, London, Bologna oder Paris lohnt sich jedes Jahr wieder!

Erzähl uns von deinem schönsten Erlebnis auf einer Messe, Lesung oder anderen Veranstaltung!

LENA KIEFER: Mein bisher schönster Moment war auf der Frankfurter Buchmesse 2019. Ich hatte eine Signierstunde zusammen mit einer anderen, bekannteren Autorin und war sehr nervös, weil ich Angst hatte, dass niemand kommen würde, was mir peinlich gewesen wäre. Aber dann war schon eine Stunde vor Beginn eine unglaublich lange Schlange dort, und die meisten der Anstehenden hielten meine Bücher in den Händen. Am Ende habe ich fast drei Stunden signiert und Fotos gemacht – ein echtes Highlight, weil ich an dem Tag verstanden habe, dass all das Herzblut, das in meine Geschichten fließt, auch bei den Leser:innen ankommt.

KARA ATKIN: Ich war auf einer Veranstaltung für Auszubildende im Buchhandel. Nach meinem Panel ist eine Leserin auf mich zugekommen und hat mir gesagt, wie schön sie es findet, dass ich mit meiner Lese- und Rechtschreibschwäche so offen umgehe, dass ihr das als Betroffene wahnsinnigen Mut macht und dass sie auch gern schreiben möchte. Das war einer meiner schönsten Augenblicke, denn das war etwas, das ich als Teenagerin beziehungsweise junge Erwachsene selbst gern gehört hätte.

BRITTAINY C. CHERRY: Als ich nach Deutschland auf die Frankfurter Buchmesse kam, sahen meine Lektorin und ich eine lange Warteschlange. Wir haben uns gefragt, für wen all diese Leute anstanden – dann erkannten wir, dass all diese

Menschen da waren, um *mich* zu treffen! Da habe ich echte Freudentränen geweint.

MORGANE MONCOMBLE: Als ein Mädchen mich umarmt und sich bei mir bedankt hat, dass ich in *Bad At Love* eine Geschichte wie ihre geschrieben habe. Das Buch hat sie daran erinnert, dass sie geliebt wird, liebenswert und nicht allein ist. Wir mussten beide losweinen.

EMMA SCOTT: Ohne Frage die Signierstunde 2019 in Köln. Die Schlange ging einmal durch die Buchhandlung und den Gang entlang, und ich hatte keine Ahnung, dass diese Schlange für *mich* war. Ich konnte es nicht glauben. Es hat mich so berührt und begeistert, dass all diese Leser:innen dort waren, weil meine Worte sie erreicht und bewegt hatten. Ich denke noch oft mit tiefster Dankbarkeit an diesen Tag zurück.

APRIL DAWSON: Als ich meine erste Signierstunde am LYX-Stand hatte, war ich sehr nervös und unsicher. Ich hatte die Befürchtung, dass niemand kommen wird und ich allein dastehen würde. Dann bildete sich eine Schlange und erst später wurde mir klar, dass die Leser:innen auf *mich* warteten. Sie haben über eine Stunde angestanden, um mich zu sehen, und nur daran zu denken lässt mein Herz vor Freude hüpfen. Das war der schönste Moment in meiner Karriere.

YVY KAZI: Leider konnten seit meinem Start ins Autor:innenleben noch keine Veranstaltungen stattfinden, daher ist es der Livestream im LYX-Kanal und das superliebe Willkommen vom Team-LYX. In meinem Postfach waren noch nie zuvor so viele wundervolle Nachrichten. Tausend Dank dafür!

KIM NINA OCKER: Als ich 2019 auf der Frankfurter Buchmesse das erste Mal *Everything I Didn't Say* in der Hand hatte. Es war das erste meiner Bücher, das gedruckt wurde, und an dem Abend habe ich es zum ersten Mal als richtiges Buch gesehen. Das war unbeschreiblich.

Muss jede:r Autor:in Lesungen halten?

Lesungen und Signierstunden sind vermutlich für fast alle Autor:innen eine Herausforderung. Nicht alle Menschen stehen gern im Rampenlicht, und der Kontrast zur (ruhigen) Arbeit des Büchererschaffens ist enorm. Wir versprechen aber, dass es dort wunderbar ist – Wohlfühlfaktor garantiert.

Ja, digital ist vieles möglich, aber es gibt NICHTS, das den direkten Kontakt zu Leser:innen ersetzen kann. Die aufgeregte Dynamik in der Warteschlange, der Austausch unter und mit der Community, die leuchtenden Augen, das persönlich signierte Buch und – endlich – das Selfie mit dem:der Lieblingsautor:in ...

Es gibt bestimmt keine tolleren Fans als die LYX-Leser:innen! Und wir lassen im #TEAMLYX niemanden allein. Als unser:e Autor:in kannst du an **Lesetrainings** teilnehmen, und wir erfüllen deine Wünsche, so gut wir können, damit du dich wohlfühlst, sorgen für deine Sicherheit und sind dabei, sobald du in die Welt hinaustrittst.

Nein, du musst keine Lesungen halten, aber du könntest es versuchen – und vielleicht macht es dir ja sogar Spaß.

Hast du Tipps für Autor:innen gegen Nervosität vor Veranstaltungen?

Ja, du solltest unbedingt das anziehen, worin du dich wohlfühlst, und die Nervosität zulassen. Es kann nichts Schlimmes passieren. Die Menschen, die da sitzen, lieben dich und sind deinetwegen da.

Natürlich kannst du dich vorbereiten, und das solltest du auch, aber du bist perfekt – genau so, wie du bist!

Was sind deine besten Tipps gegen Nervosität vor einer Lesung?

LAURA KNEIDL: Mir hilft es, gut vorbereitet zu sein. Was mich vor allem nervös macht, ist das Vorlesen an sich, daher richte ich im Vorfeld meinen Text her, mache mir farbliche Markierungen und übe ihn bereits ein bis zwei Wochen vorher jeden Tag mehrmals, bis ich einige Stellen bereits auswendig sprechen kann. Das gibt mir Sicherheit und mindert bei mir zumindest ein bisschen die Nervosität.

BIANCA IOSIVONI: Üben, üben, üben. Wenn man sich mit seinem Text sicher fühlt, ist auch die Nervosität geringer.

KARA ATKIN: Einmal tief durchatmen und sich daran erinnern, dass man sein Bestes getan hat, um sich auf diesen Moment vorzubereiten, indem man den Text immer wieder gelesen und sich über eventuelle Fragen Gedanken gemacht hat. Mit meiner Legasthenie sind Lesungen für mich immer besonders nervenaufreibend, weil mir das laute Vorlesen mit am schwersten fällt. Aber ich versuche, mir immer wieder vor Augen zu halten, dass so etwas für mich vor ein paar Jahren noch undenkbar gewesen wäre, und aus diesem Wissen schöpfe ich dann meine Kraft für diesen Moment. Außerdem ist Nervosität nicht immer etwas Schlechtes. Wenn man lernt, sie zu steuern, dann kann sie einem dabei helfen, sich einzig und allein auf die Lesung zu konzentrieren und sich durch nichts und niemanden ablenken zu lassen.

KIM NINA OCKER: Ich glaube, die beste Methode ist, sich immer wieder selbst zu sagen, dass all die tollen Leute im Publikum dich nicht verurteilen werden, wenn du dich mal versprichst, stotterst oder in der Zeile verrutschst. Im Gegenteil – meiner Erfahrung nach fühlen die Leser:innen sich den Autor:innen deutlich näher, wenn vor ihnen kein abgeklärter Profi sitzt. Aber ich bin auch jedes Mal supernervös!

[LIZENZEN]

Eine wichtige Abteilung, die im Verlag oft im Hintergrund agiert, sind die Lizenzen. Still, leise und effizient sorgen sie dafür, dass deine Stimme (aka dein Buch) in aller Welt zu hören/lesen ist. Diese Kolleg:innen machen das möglich, indem sie Rechte an deinem Manuskript an ausländische Verlage verkaufen. Sie sorgen auch dafür, dass aus deinem Buch zum Beispiel ein Hörbuch, ein Theaterstück oder vielleicht sogar ein Film wird. Aber wie genau das vonstattengeht, erklären sie hier selbst.

Was sind die Aufgaben der Lizenzabteilung?

Das Ziel der Lizenzabteilung besteht darin, weitere Verwertungsformen für die im eigenen Verlag veröffentlichten Bücher – in unserem Fall auch E-Books aus dem Digital-Only-Programm – zu ermöglichen. Dafür werden **Lizenzen**, d.h. **Nutzungsrechte**, an Lizenzpartner verkauft, die dann das Buch in einer neuen Form herausbringen. Unsere Lizenzpartner sind in den meisten Fällen andere Verlage, es können aber beispielsweise auch Schauspielhäuser, Rundfunkanstalten oder Produktionsfirmen für Filme, Serien oder TV sein.

Die Aufgaben der Lizenzabteilung sind sehr vielfältig und abwechslungsreich. Besonders wichtig sind eine gute Vernetzung und ein regelmäßiger Austausch, vor allem mit anderen Verlagen und Agenturen. Auf den **Buchmessen** in London und Frankfurt – auch Bologna für Bilder-, Kinder- und Jugendbücher – stellen wir Partnern unser aktuelles Programm und die Schwerpunkttitel daraus vor, und Agenturen und Scouts berichten uns von Trends in ihren jeweiligen Ländern und Branchen.

Die anspruchsvollsten Aufgaben bestehen sicher darin, ein Gespür dafür zu entwickeln, welche Stoffe im Moment auf den unterschiedlichen Märkten gefragt sind, und einen geeigneten Partner für die jeweilige Verwertung zu finden. So wie Autor:innen am Anfang auf der Suche nach einem passenden Verlag für ihre Geschichten sind, sind wir auf der Suche nach den perfekten Lizenzpartnern, die unsere Bücher in einer neuen Form umsetzen möchten.

Wie werden Bücher im Ausland angeboten?

Einer der spannendsten Lizenzbereiche ist sicher der Bereich **Ausland**, denn eigentlich freut sich jede:r Autor:in darüber, wenn ihr:sein Buch in eine andere Sprache übersetzt und in einem anderen Land veröffentlicht wird. Hierfür arbeiten wir in einigen Ländern mit Agenturen zusammen. Der Vorteil liegt darin, dass sie die Verlagslandschaft in ihrem Land am besten kennen und genau wissen, welcher Stoff zu welchem Verlag passen könnte.

Außerdem gibt es **Scouts**, die für ausländische Verlage extra auf der Suche nach geeigneten Stoffen sind, z.B. speziell aus Deutschland oder zu einem bestimmten Thema, Genre etc. Wir informieren sie frühzeitig über unser neues Programm, verschicken **Newsletter** mit Neuigkeiten zu den Büchern wie beispielsweise Bestsellerplatzierungen und Verkaufszahlen,

Auszeichnungen, positive Rezensionen und ggf. eine Liste mit bereits verkauften Lizenzen. Darüber hinaus erstellen wir **(Präsentations-)Materialien** auf Englisch, damit sich Verleger:innen im Ausland einen ersten Eindruck verschaffen können.

Natürlich kommt es auch vor, dass ausländische Verlage von sich aus an uns herantreten und ganz gezielt einen Titel von uns übersetzen möchten. Die Gründe hierfür können unterschiedlich sein. Eventuell ist der gewünschte Titel des:der Autor:in bereits erfolgreich in anderen Ländern erschienen, vielleicht ist das Thema gerade gesellschaftlich relevant oder passt besonders gut zum Programm des anfragenden Verlags. Unter Umständen sind sie aber auch durch Empfehlungen anderer Einrichtungen (bspw. Goethe-Institut, New Books in German, Literaturportal Litrix (Übersetzungsförderung) etc.) darauf aufmerksam geworden.

Welche Lizenzen können überhaupt verkauft werden?

Der Lizenzbereich ist sehr vielfältig. Neben den bereits angesprochenen Übersetzungslizenzen gehören beispielsweise **Kleinlizenzen** wie Abdruckgenehmigungen einzelner Zitate und ausgewählter Textauszüge aus unseren Büchern, Lesungen, die nicht durch die Autor:innen selbst durchgeführt werden, die Umsetzung von Buchinhalten in Spiele oder Kalender und die Produktion und Ausstrahlung als Hörspiel dazu.

Außerdem werden Lizenzen an Hörbuchverlage verkauft – dabei findet das Anbieten der Titel übrigens möglichst frühzeitig vor Veröffentlichung des eigentlichen Buches statt, sodass genug Zeit für die Hörbuchproduktion bleibt und

Printausgabe und Hörbuch parallel erscheinen können. Für eine Dramatisierung des Buches als Theaterstück oder Film bzw. Serie ist ebenfalls ein Lizenz(ver)kauf nötig.

Weiterhin gibt es Lizenzen für Buchclub- und Sonderausgaben; ebenso können Buchverlage eine **Lizenz** für eine Taschenbuchausgabe vergeben. Das ist immer dann der Fall, wenn sich der Herausgeber der Hardcoverausgabe dazu entschließt, die Taschenbuchausgabe nicht selbst zu veröffentlichen.

Im Prinzip kann jegliche Ausgabeform lizenziert werden, sofern ein Lizenznehmer die Rechte dazu erwirbt. Der Lizenzbereich befindet sich ständig im Wandel, und neue Verwertungsformen können jederzeit hinzukommen.

Welche Rechte werden im In- und welche ins Ausland verkauft?

Grundsätzlich können alle Lizenzen, die im Inland verkauft werden, auch ins Ausland verkauft werden. Traditionell wurden ins Ausland meist nur die Übersetzungsrechte für eine klassische Printausgabe, überwiegend als Taschenbuch, verkauft. Inzwischen nehmen die Anfragen zur E-Book- und Hörbuchumsetzung aber zu, sodass diese Rechte in Verträgen für Auslandsausgaben häufig auch gleich mitvergeben werden.

Wie sieht der weitere Ablauf aus, wenn ein Verlag die Übersetzungsrechte für einen Titel erwerben möchte?

Wenn sich ein Verlag dazu entschließt, ein Angebot für eine Lizenz abzugeben, und der:die Autor:in damit einverstanden ist, kommt es zur Aushandlung eines Vertrags. Auch nach Vertragsabschluss sind wir weiterhin Ansprechpartner:innen für den ausländischen Verlag. Wir stellen ihm das finale Manuskript für die Übersetzung zur Verfügung, versorgen ihn mit Infos zu den jeweiligen Autor:innen und bringen ihn mit den Grafikagenturen sowie Illustrator:innen zusammen, die an der Originalausgabe beteiligt waren. Manchmal werden Autor:innen auch für Interviews angefragt oder zu einer Buchpräsentation im jeweiligen Land eingeladen, in diesem Fall stellen wir – falls von Autor:innenseite gewünscht – ebenfalls den Kontakt her. Einer der tollsten Momente unserer Arbeit ist es, wenn uns die fertigen Bücher aus der ganzen Welt erreichen!

Inwieweit sind Autor:innen in die Vergabe von Lizenzen involviert?

Wenn wir als Verlag uns dazu entschließen, ein Buch zu veröffentlichen, wird ein Vertrag mit dem:der Autor:in abgeschlossen. Darin wird festgelegt, welche Nutzungsrechte er:sie uns überlassen möchte. Über diese können wir verfügen, und die Autor:innen selbst müssen sich um nichts mehr kümmern. Wir bemühen uns, die bestmöglichen Partner:innen ausfindig zu machen und sie von unseren Titeln zu überzeugen.

Am Ende erhalten die Autor:innen Exemplare der neu entstandenen Ausgabe, sei es ein Buch, ein Kalender oder ein Spiel, oder sie können sich die Umsetzung dann als Theaterstück oder Film anschauen.

Welche Bücher und Themen sind im Ausland zurzeit besonders gefragt?

Tatsächlich ändern sich Trends manchmal sehr schnell, sodass Themen, die gerade gefragt sind, in ein paar Monaten schon wieder Schnee von gestern sein können. Daher lässt sich das schwer sagen. Aber bei uns sind aktuell besonders die Titel und Reihen vom LYX-Verlag erfolgreich, denn im Bereich New Adult genießt LYX nicht nur in Deutschland, sondern auch international einen sehr guten Ruf, und die Bücher unserer Autor:innen sind sehr begehrt. Bislang haben sie sich in 19 Länder verkauft.

Der Erfolg liegt sicher darin, dass die Autor:innen meist selbst im Alter der Zielgruppe sind. Deswegen wissen sie ganz genau, welche Themen, Probleme und Interessen ihre Leser:innen ansprechen, und das funktioniert in Deutschland genauso wie beispielsweise in Italien, Russland, Spanien oder Tschechien.

KARRIERE IM VERLAG

Wie der vorherige Abschnitt eindeutig gezeigt hat, ist die Verlagswelt bunt, vielseitig und bietet jede Menge Optionen, um dort Fuß zu fassen. Je nach deinen Talenten und Vorlieben kannst du in verschiedenen Berufsfeldern glücklich werden. Wir haben hier noch einen kleinen Überblick zusammengetragen, was im Verlag alles so möglich ist, sowie die Wege aufgezeigt, wie du zu deinem Traumjob kommen kannst, wenn du dich für die Buchbranche interessierst.

NAME: *Jeannine*
BERUF: Grafikdesignerin

Was macht dir am meisten Spaß im Job?:
Ich verliere mich gern in den Geschichten und liebe den Moment, wenn aus Bildmotiven etwas ganz Neues, Schönes und manchmal Unerwartetes entsteht.

Wie bist du dazu gekommen?:
Ich habe ab der 8. Klasse eine Kunstschule besucht. Nach der Schule habe ich Innenarchitektur studiert, aber schon im 1. Semester habe ich den Studiengang gewechselt und meinen Abschluss als Produktdesignerin gemacht. Grafikdesign hat auch da schon nach mir gerufen, aber es sollten noch ein paar Berufsjahre vergehen, bis ich Grafikdesign berufsbegleitend studiert habe und mein Herz endlich angekommen war.

NAME: *Anja*
BERUF: Lektorin

Was macht dir am meisten Spaß im Job?:
Die Vielfältigkeit der Arbeit, das kreative Mitwirken an tollen Buchprojekten, der Austausch mit Autor:innen und Leser:innen. Diese total schönen Momente, wenn ich sehe, dass Leser:innen durch eine Geschichte wirklich berührt wurden oder ihnen ein Buch in einer dunklen Stunde Freude oder Trost bringen konnte. Und hey! Bücher!!!

Wie bist du dazu gekommen?:
Ich habe Ethnologie studiert und bin dann über Praktika und ein Volontariat im Verlag gelandet. Ein Bücherwurm war ich seit klein auf, mein Lieblingsgenre ist die Fantasy. Irgendwann wurde mir klar, dass mein Studium und das Büchermachen gar nicht so widersprüchlich sind. Bei beidem geht es um »Geschichten« über Menschen und das Eintauchen in andere (Lebens-)Welten. Und für beides sollte man neugierig sein und gern über den Tellerrand schauen.

NAME: *Sina*

BERUF: Marketing Managerin

Was macht dir am meisten Spaß im Job?:

Die Konzeption und Umsetzung vieler neuer schöner LYX-Projekte.

Wie bist du dazu gekommen?:

Ich habe ein BWL-Studium gemacht und vorher bereits in einigen anderen Branchen im Marketing gearbeitet. Daher freue ich mich nun umso mehr, in der Verlagswelt gelandet zu sein!

NAME: *Judith*

BERUF: Herstellerin Print und Digital

Was macht dir am meisten Spaß im Job?:

Neue Buchprojekte zu planen, die kreativen Möglichkeiten, mein Wissen an z. B. Auszubildende weiterzugeben.

Wie bist du dazu gekommen?:

Durch Zufall ... Ausbildung als Mediengestalterin mit Schwerpunkt Beratung und Planung bei Bastei Lübbe (drei Jahre), Junior Herstellerin für Sachbuch, Taschenbuch und Mädchen für vieles, inzwischen mache ich hauptsächlich Kinderbücher.

NAME: *Andrea*

BERUF: Veranstaltungsreferentin/ Eventmanagerin

Was macht dir am meisten Spaß im Job?:
Die kreative und abwechslungsreiche Arbeit. Und das unbeschreibliche Gefühl, wenn eine Veranstaltung gut gelaufen ist und alle glücklich und lächelnd nach Hause gehen.

Wie bist du dazu gekommen?:
Ich habe eine Ausbildung zur Buchhändlerin gemacht und 25 Jahre Bücher verkauft. Von Anfang an habe ich gern und viele Lesungen in Buchhandlungen organisiert, und jetzt die andere Seite kennenzulernen ist toll! Ich verliebe mich jeden Tag aufs Neue in meine Arbeit.

NAME: *Maren*

BERUF: Assistentin in der Lizenzabteilung

Was macht dir am meisten Spaß im Job?:
Die Zusammenarbeit und der Austausch mit Verlagen auf der ganzen Welt.

Wie bist du dazu gekommen?:
Über ein Studium (deutsche und englische Literatur- und Kulturwissenschaften) mit Auslandssemester in Island; nebenbei ein Praktikum und ein Nebenjob in einer Literaturagentur sowie ein Volontariat in einer Lizenzabteilung.

NAME: *Andrea*
BERUF: Labelmanagerin Vertrieb

Was macht dir am meisten Spaß im Job?:
Zu sehen, wie aus einer Idee ein fertiges Buch in der Buchhandlung wird.

Wie bist du dazu gekommen?:
Über viele Umwege und ganz viel Bücherliebe. Angefangen mit einem geisteswissenschaftlichen Studium und nach vielen verschiedenen Jobs in vielen verschiedenen Bereichen darf ich jetzt tun, wofür mein Buchherz schlägt.

NAME: *Birgit*
BERUF: Vertragsmanagerin

Was macht dir am meisten Spaß im Job?:
Probleme zu lösen und der Austausch mit den internationalen Agenturen und Verlagen.

Wie bist du dazu gekommen?:
Über Umwege: Als promovierte Archäologin habe ich eine halbjährige Weiterbildung zur Wissenschaftsredakteurin an einem Kolleg gemacht und schließlich ein halbjähriges Praktikum in einem Verlag. Als dann dort erst eine Stelle im Lizenzverkauf bzw. später im Vertragsmanagement frei wurde, habe ich zugegriffen.

NAME: Simone

BERUF: Community Managerin

Was macht dir am meisten Spaß im Job?:
Der tägliche Austausch mit der LYX-Community (und natürlich das Vorablesen von Büchern!).

Wie bist du dazu gekommen?:
Ein Germanistikstudium, ein eigener Buchblog, viele Messebesuche und Studi-Jobs im Verlagswesen haben mich auf den richtigen Pfad gebracht ... auch wenn er voller (in)direkter Umwege war!

NAME: Sarah

BERUF: Produktmanagerin Audio

Was macht dir am meisten Spaß im Job?:
Die gemeinsamen Aufnahmetage mit den Sprecher:innen im Studio sind immer die schönsten Momente.

Wie bist du dazu gekommen?:
Ich habe neben dem Studium (Vergleichende Literatur- und Kulturwissenschaft) als Werkstudentin bei LYX gearbeitet und anschließend ein Volontariat in der Audio-Abteilung begonnen.

5

So meisterst du als Autor:in jede Herausforderung

Ein Buch zu schreiben ist harte Arbeit, die, wenngleich es dir Spaß macht und dein großer Traum ist, nicht zu unterschätzen ist. Oftmals lauern irgendwo Tücken, mit denen du als angehende:r Autor:in gar nicht gerechnet hast. Ob nun Abgabestress, Rezensionen, die einen schärferen Ton anschlagen, oder einfach eine Schreibblockade als Herausforderungen auf dich warten – es schadet nicht, darauf vorbereitet zu sein. Daher haben wir dir in diesem Kapitel ein paar Tipps zum Umgang mit Organisation, Stress, Druck, Rückschlägen und Kritik zusammengestellt.

Und eines ist dabei ganz wichtig: Lass nie dich und deine Bedürfnisse außer Acht. Horch gut in dich hinein und sieh ein, wann du eine Pause brauchst oder wann ein bisschen Abstand vonnöten ist, um durchzuatmen und später wieder mit neuer Schöpfungskraft frisch ans Werk zu gehen. Erkenn deine eigenen Stärken, erkenn die Stellen in deinem Text, an denen noch Feinschliff benötigt wird. Nimm konstruktive Kritik an und setz sie um, wenn sie dir gerechtfertigt erscheint. Doch nimm sie dir nicht zu sehr zu Herzen.

Die Hauptsache ist: Lass dir niemals den Spaß am Schreiben nehmen – egal, was du tust, und egal, für welche Wege innerhalb des Schreibprozesses und welche Veröffentlichungsmöglichkeit du dich auch immer entscheidest. Verfolg deine Leidenschaft fürs Geschichtenerzählen, doch stell dich und dein Wohlbefinden jederzeit an erste Stelle!

Wie viele Wörter setzt du dir als Tagesziel?

KARA ATKIN:
Ich errechne es je nach Projekt, aber selbst an schlechten Tagen, an denen die Worte einfach nicht so wollen wie ich, versuche ich mindestens 500 Wörter zu schreiben.

ANNE PÄTZOLD:
Das kommt drauf an, wie nah ich der Deadline bin. Anfangs 500 bis 1200. Kurz vor der Deadline werfe ich Tagesziele über Bord und schreibe einfach drauflos.

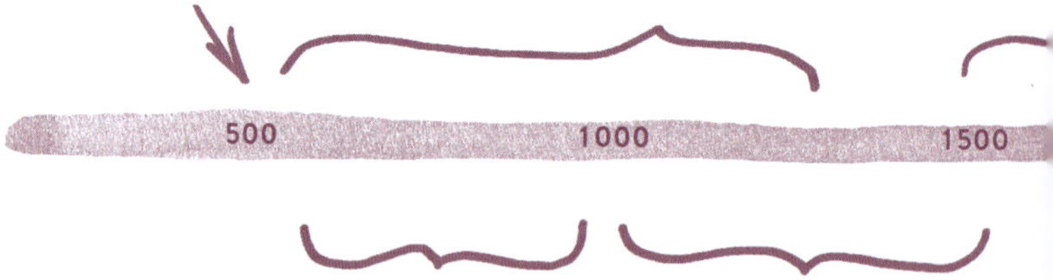

BRITTAINY C. CHERRY:
500 bis 1000

ANNA SAVAS:
1000 bis 1500

EMMA SCOTT:
Ich lege mein Tagesziel nicht anhand von Wörtern fest. Ich schreibe ein Kapitel pro Tag, egal, wie lang oder kurz es sein mag.

EVIE DUNMORE:
Ich setze keine Tagesziele.

MORGANE MONCOMBLE:

Ich zähle keine Wörter, sondern Seiten. Wenn mir die Deadline im Nacken sitzt, schreibe ich ein Kapitel am Tag, also in etwa 10 bis 14 Seiten.

LAURA KNEIDL:

Das ist unterschiedlich und von der Deadline abhängig. Meist sind es zwischen 1500 und 2000 Wörtern an fünf Tagen in der Woche.

YVY KAZI:

2500

ANABELLE STEHL:

Das kommt ganz darauf an, wie nah die Deadline ist. Ich hatte schon alles zwischen 1000 und 6000. Ich versuche aber, täglich etwa 2500 Wörter zu schreiben, das ist für mich eine angenehme Menge.

2000 2500 3000

KIM NINA OCKER:

Total unterschiedlich, zwischen 2000 und 10000.

SARAH SPRINZ:

Das rechnet mir eine schlaue Website anhand der nächsten Deadline aus. Aktuell sind es etwas über 2500 Wörter am Tag.

APRIL DAWSON:

2000 bis 3000

ORGANISATION

Als Autor:in ist es durchaus von Vorteil, sich beim Schreiben eine gewisse Struktur zu schaffen. Wir haben im Kapitel **Schreiballtag: Eine Schreibroutine entwickeln** schon ein paar Tipps und Tricks zusammengetragen, wie du deinen Tag organisieren und deine Zeit optimal ausnutzen kannst – sei es, indem du To-do-Listen abhakst oder den idealen Zeitpunkt zum Schreiben ausfindig machst. Ob und wie du das Ganze umsetzt, hängt natürlich von deinen Vorlieben und/oder deinem generellen Tagesablauf ab.

Versuch darüber hinaus vielleicht, dich während deiner Schreibzeit von möglichen Ablenkungen fernzuhalten. Mach ruhig dein Handy aus. Leg dir einen Zeitraum fest, in dem du ausschließlich E-Mails beantwortest, und schalt dann während des Schreibens dein Mailprogramm aus. Und wenn du richtig hart bist: Erteil dir selbst Surfverbot.

Natürlich musst und sollst du dir während deiner Schreibphasen auch Erholung gönnen. Pausen sind unerlässlich – das kann man nicht oft genug sagen. Halt sie regelmäßig ein, geh an die frische Luft, mach ein bisschen Yoga oder koch dir etwas Leckeres, um deine Gedanken später wieder richtig fokussieren zu können.

Außerdem ist es hilfreich, wenn du dir selbst keinen unnötigen Druck machst und dir realistische Ziele setzt, die du in kleinen Schritten erreichen kannst. Das kann beispielsweise ein Tagessatz an Wörtern sein, den du vorab festlegst. Oder du nimmst dir vor, jeden Tag genau zweieinhalb Stunden konzentriert zu schreiben.

TERMINE UND ABGABESTRESS

Zum Schreiballtag gehören oftmals auch Termine und Deadlines, die eingehalten werden müssen, um einen reibungslosen Ablauf in der Agentur oder dem Verlag zu gewährleisten.

Ob du einen analogen Kalender, Apps oder eine Pinnwand nutzt, um dich zu organisieren, bleibt selbstverständlich dir und deinen Arbeitsmethoden überlassen. Es gibt viele Möglichkeiten, um sich an Termine zu erinnern.

Für eine bessere Planbarkeit und einen umfassenderen Überblick könntest du dein Projekt auch aufteilen – in viele kleinere Häppchen, die du über den Zeitraum verteilst, in dem du dein Buch schreiben möchtest. Vielleicht kannst du dich dabei an Kapiteln orientieren? Wenn du auf diese Weise arbeiten kannst und möchtest, hilft es dir sicherlich dabei, dein Ziel in mehreren Schritten ohne großen Druck zu erreichen.

Doch oft ist das alles gar nicht so einfach. Kreative Prozesse lassen sich nicht erzwingen, und manchmal fließt es nicht so, wie du es gern hättest. Aber unsere Autor:innen haben Tipps, wie man mit Terminstress umgehen kann.

Wie organisierst du dich? Hast du Tipps, wie man am besten Termine und Deadlines einhält?

MOUNIA JAYAWANTH: Ich mache mir immer eine Wochen-To-do-Liste, in der ich mir notiere, wie viele Seiten oder Kapitel ich innerhalb dieser Woche schreiben will. Meine Ziele sind immer realistisch, d.h., was ich mir für die Woche vornehme, ist definitiv schaffbar. Durch die wöchentliche Einteilung habe ich an den einzelnen Tagen nicht so viel Druck und kann viel freier und gelöster schreiben. Da ich fast immer mein Ziel erreiche, endet die Woche stets mit einem kleinen Erfolgserlebnis, das mich motiviert in die nächste starten lässt.

ANNE PÄTZOLD: Meistens lege ich mir am Anfang eines Projekts einen Plan bei Pacemaker an. Dort kann ich dann eingeben, wie viele Wörter ich plane zu schreiben, wann ich starte und wann die Deadline ist. Ob ich am Wochenende arbeiten möchte und vor allem, wie mein Schreibfortschritt aussehen soll: Fange ich stark an, um am Ende nur noch wenige Wörter pro Tag schreiben zu müssen? Oder andersherum? Vielleicht habe ich auch in der Mitte am meisten Energie und schaffe dort dann viel? Beim Schreiben ist es, finde ich, wichtig, herauszufinden, was für einen am besten passt. Und während ich die Art Person bin, die langsam startet und in den letzten zwei Wochen dann am Laptop festklebt, funktioniert das vermutlich nicht für jede:n. (Ähnlich arbeite ich übrigens auch bei Lektoraten, nur, dass ich mir da die Seiten auf die Tage bis zur Deadline einteile, statt der Wörter.)

Was das Beantworten von Mails und alle möglichen anderen Termine rund ums Autor:insein angeht, kann ich mich eigentlich sehr gut auf meinen Kopf verlassen. Und wenn sie dort nicht sind, finde ich sie spätestens in meinem Handykalender.

ANNA SAVAS: Ich versuche, sehr strukturiert zu arbeiten, und meistens klappt das auch. Wenn ich den Abgabetermin des Verlags für das Manuskript habe, setze ich mir immer noch eine eigene Deadline – meistens vier Wochen vorher. So habe ich einen kleinen Puffer für den Fall, dass irgendwas dazwischenkommt, ich mal krank werde oder es einfach mal gar nicht laufen will. Beide Deadlines trage ich mir in meinen Terminkalender ein, damit ich sie im Blick habe.

Gleichzeitig arbeite ich mit zwei verschiedenen Excel-Tabellen. In der ersten Tabelle (zu der mich übrigens Tami Fischer inspiriert hat) plane ich sämtliche Projekte eines Jahres inklusive der Abgabetermine für Rohmanuskript und die jeweiligen Lektoratsrunden (in der Regel sind es zwei). So habe ich einen Überblick darüber, wie viele Wochen ich für ein Projekt Zeit habe, und daraus ergibt sich dann der jeweilige Wortsoll für eine Woche. Aus dem Wochensoll ergibt sich dann der Tagessoll und den trage ich dann in eine zweite Excel-Tabelle ein. In dieser Liste notiere ich dann auch, wie viele Wörter ich pro Tag geschafft habe. So kann ich sehen, wie viel mir pro Woche noch fehlt, und ich habe gleich eine Statistik darüber, wie viel ich im Jahr geleistet habe.

Eigentlich ist meine Organisation eine Mischung aus Planung und Gefühl, und die hat bei mir bisher sehr gut funktioniert.

Die Herausforderungen, die du als Autor:in meistern musst, wenn es um Termine, Deadlines, Abgabestress oder ganz grundsätzlich um Organisatorisches geht, existieren ohne Frage. Manche Dinge kannst du vielleicht im Handumdrehen lösen, andere leider nicht ganz so schnell. Aber oftmals sind Strukturen hilfreich, um dich an dein Ziel zu bringen – den Abgabetermin zum Beispiel –, indem du auf dem Weg dahin deine Schritte planst und festlegst, wie dir das am besten gelingt.

Dich zu strukturieren, dich in deinem Schreiballtag zu organisieren, kann wie ein Geländer sein, an dem du dich entlangtasten kannst – es gibt dir genügend Platz, um dich zu bewegen, aber es bietet dir auch Sicherheit, damit du nicht aus dem Gleichgewicht kommst (oder aus allen Wolken fällst).

Ein Plan kann dir außerdem helfen, (unliebsame) Ablenkungen fernzuhalten, und dich dabei unterstützen, deine Konzentration nicht zu verlieren.

Gib dir den Raum und die Zeit, dich an deine Organisation zu gewöhnen – und vor allem: Halt durch, irgendwann wird es leichter. Aber auch hier gilt: Wenn du nicht weiterkommst, such dir auf jeden Fall Unterstützung.

WIE GEHST DU MIT DRUCK UM?

Beim Schreiben oder bei der Zusammenarbeit mit Verlagen oder Agenturen können immer wieder Situationen entstehen, die sich nicht gut anfühlen und bei dir Druck auslösen. Ob es der Abgabetermin ist, der immer näher und näher rückt, eine Lesung, die dir Bauchweh bereitet, oder ob sich dir beim Plotten die Lösung einfach nicht erschließen will: Jede:r Autor:in entwickelt dabei eigene Strategien, wie er:sie mit solchen Situationen umgehen kann. Auch du schaffst es mit Sicherheit, Lösungen oder Auswege zu finden, um mit Druck (besser) umzugehen. So etwas kommt mit der Zeit und der Erfahrung. Taste dich also ruhig schrittweise vor, um herauszufinden, was du brauchst und was dir den Weg erleichtert.

Leg zum einen die Latte nicht zu hoch. Setz dir realistische Ziele und versuch, dir nicht zu viel zuzumuten, nur um andere glücklich zu machen. Du hast ein Kapitel in vier Wochen zu deiner Zufriedenheit abgeschlossen? Wunderbar! Du hast deine Geschichte vollständig fertig geplottet? Hervorragend! Jedes Mal, wenn du solche kleinen Ziele erreichst, fühlst du dich gut. Und mit dieser positiven Bestärkung im Rücken schreibt es sich gleich viel leichter.

Leg regelmäßige Pausen ein, schnapp frische Luft dabei oder spazier eine Runde um den Block. Strample dich ein bisschen auf dem Fahrrad ab oder streichle dein Haustier. Unternimm etwas, was dir guttut. Wir haben bereits im Kapitel *Schreibroutine* ein paar Tipps aufgelistet, vielleicht ist da ja etwas Hilfreiches für dich dabei, wenn die Belastung mal wieder überhandnimmt.

Und wenn Pausen nicht helfen und du bemerkst, dass der Druck dich zu überwältigen droht: Zieh die Reißleine. Bitte Freund:innen, Partner:innen oder Familie um Hilfe. Nimm dich komplett aus der Situation raus und versuch, abzuschalten. Leg das Smartphone beiseite, schalt den Laptop aus und konzentrier dich auf andere, schöne Dinge und lass den Druck für eine Weile hinter dir. Schlaf eine Nacht darüber. Oder zwei oder drei. Mit frischem Blick und neuem Mut ist es oftmals leichter, sich den Dingen wieder zu stellen.

Wenn jetzt aber die Situation für dich eskaliert und du das Gefühl hast, nicht mehr Herr:in der Lage zu sein, und total überfordert bist, weil du Termine nicht einhalten kannst oder die bevorstehende Lesung dich völlig aus der Bahn wirft – scheu dich nicht, mit deinen Agent:innen (falls vorhanden) oder den Verlagsmitarbeiter:innen deines Vertrauens zu sprechen und um Unterstützung zu bitten. Diese sind stets bereit, dir zu helfen. Schluck also die ätzenden Sachen nicht einfach hinunter und mach dich deswegen nicht kaputt. Denn denk immer daran: Kein Buch der Welt ist es wert, dafür deine Gesundheit und dein Wohlbefinden aufs Spiel zu setzen. Wenn du merkst, du gelangst an deine Grenzen – oder bist vielleicht schon jenseits davon –, dann schalt definitiv ein paar Gänge zurück.

Und eine Sache darfst du nie und unter keinen Umständen vergessen: Belohn dich – mit kleinen Gesten, mit mittelgroßen Geschenken und enormem Glauben an dich selbst. Klopf dir selbst auf die Schulter, wenn sonst gerade niemand da ist. Halt dir vor Augen, was du schon alles geschafft hast, und nicht, was du noch nicht erledigt hast. Sei stolz auf dich! Belohnung und Anerkennung sind wichtig, damit du nicht den Spaß am Schreiben verlierst.

Wie gehst du mit Druck um? Was machst du, um den Kopf mal so richtig frei zu bekommen?

ANNE PÄTZOLD: Ich glaube, die ehrliche Antwort darauf, wie ich mit Druck umgehe, ist: noch nicht sehr gut. Es fällt mir erst sehr spät auf, meistens, wenn ich superfrustriert vor einem Manuskript oder Lektorat sitze und nichts mehr funktioniert. Ich habe viel zu hohe Erwartungen an mich selbst, und in 75 % der Fälle hält mich das davon ab, einfach draufloszuschreiben. Das hat noch ein bisschen zugenommen, seit meine Bücher veröffentlicht wurden – schließlich kommt da jetzt noch der Druck des »Was werden die Leser:innen davon halten?« dazu. Aber das, was mir immer hilft, sind Pausen und Gespräche mit Freudinnen. Ich muss alles, was in meinem Kopf umherwütet, einmal loswerden und es in das richtige Licht rücken. Danach geht es meistens wieder.

Und um zwischen diesen Phasen einfach mal den Kopf abzuschalten, treffe ich mich gern mit Freundinnen, schaue Animes, lese Mangas oder Bücher oder nerve meine Katze, wenn sie versucht zu schlafen, hihi.

MOUNIA JAYAWANTH: Ich kann nicht gut mit Druck umgehen, was auch der Grund ist, warum ich immer rechtzeitig mit dem Schreiben beginne. Wenn der Druck aber doch überhandnimmt, schließe ich meinen Laptop, gehe eine Runde spazieren und versuche, weder an die Geschichte noch an die Deadline zu denken. Sobald mein Kopf wieder freier ist, flaut automatisch auch das Druckgefühl etwas ab und ich kann mich viel gelassener an den Schreibtisch setzen.

AVA REED: Momentan ist Druck mein ständiger Begleiter. Arbeiten mit Kind ist eine ziemliche Herausforderung – und eine Rolle, in die ich immer noch hineinwachse. Wenn der Berg an Arbeit zu groß wird, hilft es, ihn aufzudröseln. Immer einen Schritt nach dem anderen – dann kann man es schaffen. Und wenn ich merke, dass ich eine Pause brauche, nehme ich sie mir. Wenn mein Kopf zu voll ist, gehe ich spazieren, nehme eine heiße Dusche oder schreibe ohne System alles auf ein leeres Blatt Papier, was mich gerade beschäftigt. Danach habe ich nicht mehr das Gefühl, etwas vergessen zu können, und meine Gedanken sind freier. Oft rede ich mit guten Freund:innen, die auch Kolleg:innen sind, und das hilft auch sehr. Man wird verstanden, neue Blickwinkel entstehen und Lösungsansätze können besprochen werden.

ANNA SAVAS: Letztendlich bringt die beste Planung nichts, wenn man sich zu sehr stresst. Zumindest geht es mir so. Ich habe zwar all diese Pläne und Deadlines, aber es gibt immer mal Zeiten, in denen es nicht läuft. Dann versuche ich, mich nicht unter Druck zu setzen, mir eine Pause zu gönnen und an einem anderen Tag weiterzumachen. Es geht dabei vor allem darum, effektiv zu arbeiten, und ich arbeite nicht effektiv, wenn ich drei Stunden vor einer leeren Seite sitze und versuche, mich zum Schreiben zu zwingen – überspitzt gesagt. Es gibt nämlich auch Tage, an denen es total gut läuft und ich am liebsten gar keinen Feierabend machen möchte, weil das Schreiben so viel Spaß macht. An diesen Tagen mache ich dann auch weiter, selbst wenn ich viel länger arbeite, als ich es eigentlich geplant habe.

WIE GEHST DU MIT KRITIK UM?

Etwas, womit du höchstwahrscheinlich als Autor:in öfter konfrontiert sein wirst, sind kritische Stimmen, die deinen Text (gefühlt) auseinander- und bis ins kleinste Detail unter die Lupe nehmen.

Kritik kann von deinen Lektor:innen kommen, die dich dabei unterstützen wollen, deine Geschichte zu einer runden Sache zu machen. Kritik kann von Leser:innen kommen, die dich loben, aber vielleicht auch auf eventuelle Schwachpunkte in deiner Story hinweisen.

Das alles kann manchmal wehtun, überfordern oder verunsichern. Besonders wenn die Stimmen, die dich erreichen, mit ihrer Kritik über die Stränge schlagen. Doch eines solltest du im Hinterkopf behalten: Du kannst es nie allen recht machen; das ist noch niemandem gelungen.

Hör nicht auf jene Rezensent:innen, die persönlich werden oder den Text ohne jede Grundlage kritisieren. Lass dich auf deinem Weg nicht beirren und zieh das Positive aus der Kritik. Pick dir die Punkte heraus, die *dir* wirklich weiterhelfen, an denen du wachsen kannst und die dich noch besser für die Geschichten rüsten, die du zukünftig schreiben möchtest. Doch vor allem, gib dir Zeit, den Umgang damit zu lernen – das geht nicht über Nacht, aber mit jedem Buch wird es vielleicht ein bisschen leichter.

Wie gehst du mit Kritik (vor allem online) um?

KARA ATKIN: Ich versuche, sie nicht zu nah an mich heranzulassen, auch wenn das sehr schwer ist. Als Autor:innen wollen wir, dass unsere Geschichten andere erreichen und ihnen Freude bereiten, aber das klappt leider nicht immer. Man sollte sich einfach darauf konzentrieren, was Lektor:innen und andere vom Fach einem zu sagen haben, und nur das verinnerlichen. Deren Kritik ist nie persönlich gemeint und dient einzig und allein dazu, dass man als Autor:in wächst. Die andere Kritik sollte man ignorieren. Aber das ist ein Prozess und geht nicht von heute auf morgen. Und das ist vollkommen okay. Man darf sich nur nie durch Fremde im Internet davon abhalten lassen, das zu tun, was man liebt.

LENA KIEFER: Professionelle Kritik von meinen Lektorinnen nehme ich dankbar an und versuche eigentlich immer, sie umzusetzen, weil das meine Bücher grundsätzlich besser macht. Ebenso höre ich meinen Testleserinnen sehr genau zu und gehe mit ihnen in den Dialog, um zu verstehen, was sie eventuell gestört hat oder was sie nicht verstanden haben. Bei Online-Rezensionen ist es so, dass ich mir ansehe, ob die Kritik mit einer gewissen Wertschätzung gegenüber meiner Arbeit geäußert ist oder einfach nur ein Verriss sein soll. Wenn Letzteres der Fall ist, beschäftige ich mich nicht näher damit, weil das nicht produktiv wäre. Eine wichtige Erkenntnis der letzten zwei Jahre war für mich: Man kann nicht alle Leser:innen zufriedenstellen. Wenn man das verstanden hat, fällt der Umgang mit Kritik viel leichter.

LAURA KNEIDL: Ich bin bemüht, mich dieser Kritik erst gar nicht auszusetzen, und versuche keine Rezensionen zu lesen. Rezensionen sind von Leser:innen für Leser:innen gedacht, damit diese die richtigen Bücher für sich finden, und Geschmäcker sind nun mal verschieden. Manchmal ist das schwer zu akzeptieren, aber es hilft, sich das immer wieder ins Gedächtnis zu rufen.

APRIL DAWSON: Das kommt auf meine Tagesverfassung an. Wenn ich emotional bin, lese ich bewusst keine Rezensionen. Das tue ich meist dann, wenn ich mich mental stark genug dafür fühle. Konstruktive Kritik ist mir wichtig, denn nur damit kann ich reifen und es in den nächsten Büchern besser machen.

Doch zum Glück erreichen dich als Autor:in nicht nur Kritik und mögliche Verbesserungsvorschläge. Da draußen sind garantiert viele Menschen, denen du mit deiner Geschichte unter die Haut gehst, die du berührst und inspirierst. Die deine Worte im Herzen tragen und damit ihr Leben bunt malen können. Was es für wunderbare Begegnungen und Rückmeldungen bei unseren LYX-Autor:innen gegeben hat, erzählen sie dir selbst:

Was war das schönste Feedback von Leser:innen, das du jemals bekommen hast?

YVY KAZI: Das bisher schönste Feedback war zugleich auch das traurigste: Ein fünfzehnjähriges – und leider todkrankes – Mädchen schrieb mir in einem Brief, dass meine Geschichte es von seinem Krankenhausalltag abgelenkt und zum Lächeln gebracht hätte. Den Brief habe ich aufbewahrt und bedaure es sehr, dass ich seine Verfasserin nicht mehr persönlich kennenlernen konnte.

MORGANE MONCOMBLE: Die Mädchen, die mir erzählen, dass mein Buch ihr Leben verändert und ihnen dabei geholfen hat, sich selbst zu lieben. Ich breche fast jedes Mal in Tränen aus, wenn ich so etwas lese, weil das genau das ist, was ich mit meinen Büchern erreichen wollte.

SARAH SPRINZ: Jede liebe Rückmeldung meiner Leser:innen bedeutet mir so viel, dass ich sie unmöglich aneinander messen und mich für eine bestimmte entscheiden könnte.

APRIL DAWSON: Einige Leser:innen haben mir geschrieben, dass sie durch meine *Up-all-Night*-Reihe die Liebe zum Lesen für sich entdeckt haben. Dass es meine Werke waren, die die Menschen in die wunderbare Welt der Bücher haben eintauchen lassen, berührt mich jedes Mal tief.

EMMA SCOTT: Es gab mehrere Momente, die mich so sehr berührt haben, dass ich kaum Worte dafür finde. Ein homosexueller Mann hat mir eine E-Mail geschickt, in der er mir schrieb, dass mein Roman *Someday, Someday* ihm das Gefühl gegeben hat, dass er auch eine Chance auf Liebe hat. Wenn ich nur daran denke, kommen mir die Tränen.

Eine Frau kam bei einer Signierstunde auf mich zu und meinte, dass sie sich durch Darlenes Kampf mit der Drogenabhängigkeit in *Forever Right Now* verstanden gefühlt und neue Hoffnung geschöpft hat.

Und dann sind da die vielen E-Mails und Nachrichten, in denen Leser:innen mir sagen, dass meine Bücher ihnen durch schwierige Zeiten geholfen haben und ihnen Hoffnung geben. All das ist den Aufwand wert.

MOUNIA JAYAWANTH: Dass mein Buch eine Leserin gerettet habe, als sie kurz davorstand, sich selbst aufzugeben.

KARA ATKIN: Es war eine lange Nachricht zu *Forever Free* auf Instagram, in der eine Leserin mir gesagt hat, was ihr das Buch bedeutet. Es war einer meiner ersten Kontakte zu meinen Leser:innen, und zu wissen, dass ich jemandem durch Raelyn und Hunter Mut zusprechen konnte, hat mich total berührt und meine Sicht auf das Schreiben nachhaltig verändert.

ANABELLE STEHL: Das Feedback von Leser:innen, denen ähnliche Dinge wie meinen Protagonist:innen widerfahren sind und denen die Geschichten Kraft gegeben haben. Dass unsere Geschichten uns verbinden und stärker machen, ist ein unbeschreibliches Gefühl.

LAURA KNEIDL: Es gibt nicht das eine schönste Feedback. Ich bekomme viele wunderbare Nachrichten, aber die schönsten Rückmeldungen sind immer die von Leser:innen, die mich daran teilhaben lassen, wie meine Bücher ihr Leben oder ihr Denken beeinflusst haben.

KIM NINA OCKER: Das kam von meiner Oma. Sie ist vor ein paar Jahren verstorben, aber sie war mein größter Fan. Sie fand es großartig, dass ich geschrieben habe, auch als sie selbst nicht mehr in der Lage war, zu lesen. Ich habe ihr ein paar Kapitel meines Buches vorgelesen und als Audioaufnahme geschickt. Sie sagte, dass sie nicht glauben könne, dass ich das geschrieben habe.

BRITTAINY C. CHERRY: Mach weiter so! Dieses Feedback trägt mich durch die dunklen Zeiten. Zu wissen, dass meine Worte jemanden berühren, lässt mich und meine zukünftigen Geschichten besser werden und hält mich davon ab, aufzugeben.

AVA REED: Die schönsten Feedbacks sind die, in denen mir Menschen erzählen, dass ihnen meine Bücher etwas gegeben, ihnen geholfen oder sie bewegt haben.

ANNA SAVAS: Dass ich aus *Keeping Dreams* auch zwei Bände hätte machen können, weil diese Leserin Lily und Julian so geliebt hat, dass sie sie nicht loslassen wollte. Grundsätzlich bedeutet mir jede liebe Rückmeldung total viel und Nachrichten zu bekommen, in denen die Leser:innen mir schreiben, wie viel ihnen meine Geschichten bedeuten und wie sehr sie sie berührt haben, sind die allerschönsten.

RÜCKSCHLÄGE UND HERAUSFORDERUNGEN

Ablehnung tut immer weh. Das hast du wahrscheinlich schon am eigenen Leib erfahren müssen. Sei es vielleicht im privaten Bereich oder bei Bewerbungen für Studium, Praktika oder Jobausschreibungen. Wir alle wissen, wie schmerzhaft sich Ablehnung anfühlt. Wir würden dir gern solche blöden Erfahrungen ersparen, nur können wir dir das unglücklicherweise nicht versprechen.

Wenn nun auf deine Manuskripteinreichung eine Absage folgt, jemand deine Idee nicht überzeugend genug findet – ist das leider eher die Regel im Verlagsalltag als die Ausnahme. Denn tagtäglich gehen unzählige Manuskripte bei den Verlagen und Agenturen ein, und oftmals ist die Anzahl der Programmplätze leider begrenzt. Aber verzag nicht: Dann war der Verlag oder die Agentur, bei dem/der du dich beworben hast, nicht das richtige Zuhause für dein Buch. Oder es war noch nicht die richtige Zeit für deine Idee.

Doch – und das wollen wir dir versichern – ist mangelndes Interesse kein Hinweis darauf, dass dein Text oder deine Idee schlecht ist. Oftmals braucht es vielleicht noch etwas mehr Erfahrung, mehr Feinschliff oder einfach noch ein bisschen mehr Zeit, bis der Erfolg sich einstellt.

Wird dein Manuskript abgelehnt, könntest du zum Beispiel nach anderen Verlagen oder Agenturen suchen, die womöglich (noch) besser zu deinen Ideen und Themen passen. Oder gab es einen konkreten Absagegrund? Dann nimm dir vielleicht die Zeit, um an deinem Text zu arbeiten und ihn zu optimieren. Eventuell schlummern auch noch andere Ideen in dir, die vielleicht besser zu dem passen, was Verlage und Agenturen aktuell suchen. Wofür auch immer du dich entschließt: Gib keinesfalls auf!

So erfüllend der Traumjob Autor:in auch sein kann, gibt es auch hier – wie fast überall im Leben – eine zweite Seite der Medaille. Die Steine, die sich dir in den Weg legen, können in allen Formen, Größen und Farben daherkommen. Die Gründe für diese Herausforderungen sind vielfältig. Oftmals sind Selbstzweifel ein enorm großes Thema oder die zu hohen Ansprüche an sich selbst. Niemand kann sich davon freisprechen, doch: Bitte glaub an dich! Solche Gedanken kommen, aber sie gehen auch wieder. Es herrscht zwar (leider) nicht ununterbrochen Sonnenschein im Autor:innendasein, aber es regnet definitiv auch nicht immer. Schau auf dich und deine Geschichte. Das ist alles, was zählt – und wenn sie dich glücklich macht, dann ist das die Hauptsache.

Lass dich nicht davon abhalten, dir deinen Traum zu erfüllen. Lass dich nicht verunsichern. Der Einblick, den unsere Autor:innen hier gewähren, hilft dir vielleicht, dich auf die ein oder andere Herausforderung vorzubereiten, auf die du in diesem Job treffen könntest, und dann bist du für (fast) alles gewappnet.

Wie gehst du mit Zurückweisung um, wenn eine Idee/ein Manuskript abgelehnt wird?

LAURA KNEIDL: Ich habe in meinem Leben schon viele Absagen bekommen, und anfangs war ich immer sehr traurig und enttäuscht, manchmal auch wütend. Ich finde es wichtig, diese Gefühle zuzulassen. Ich lege in solchen Phasen gern ein paar Tage Pause ein und tue, was sich gut anfühlt. Doch am Ende ist es das Wichtigste, diesen Moment auch vorüberziehen zu lassen und weiterzumachen.

MOUNIA JAYAWANTH: Zurückweisungen tun weh, aber auch sie gehören dazu. Wenn meine Idee abgelehnt wird, erlaube ich mir natürlich, traurig und enttäuscht zu sein. Jedoch achte ich auch darauf, mich nicht in meinen Selbstzweifeln zu verlieren, sondern es trotzdem weiter zu versuchen. Eine Ablehnung bedeutet nicht, dass *ich* abgelehnt werde, sondern nur, dass es diesmal nicht geklappt hat. Aber beim nächsten Mal vielleicht schon!

SARAH SPRINZ: Ich weine mich bei meinen Freund:innen aus, erlaube mir, enttäuscht zu sein, und analysiere dann, woran es gelegen hat. War die Idee nicht stark genug? Lag es an den Vorlieben des Prüfenden oder zeitlichen Zufällen, auf die ich keinerlei Einfluss habe? War ich kritisch genug mit mir selbst, kann ich Expert:innen um Hilfe bitten, mit mir am Projekt und meinem Handwerk zu arbeiten? Zugleich versuche ich mir ins Gedächtnis zu rufen, dass ich jeden Text in erster Linie für mich selbst schreibe und das Glück in den Dingen finden muss, die ich tue – nicht darin, was ich damit erreichen möchte.

In einem Wort – was ist für dich die größte Herausforderung am Job als Autor:in?

Ständige Kritik.

KARA ATKIN

Zeitmanagement.

APRIL DAWSON

In Hinblick auf die Konzentration und Zeit, die man als Künstler:in braucht: Grenzen gegenüber Menschen zu ziehen, die einen brauchen; also, Beruf und Familie unter einen Hut zu bekommen.

EVIE DUNMORE

Geduld, sich nicht von den Meinungen anderer beeinflussen lassen, Lektorate, Buchhaltung und Steuererklärung.

BIANCA IOSIVONI

Warten.

LAURA KNEIDL

Selbstzweifel.

YVY KAZI

Die eigenen Selbstzweifel.

MOUNIA JAYAWANTH

Der Druck, immer besser sein zu wollen, und zu wissen, dass die Leute etwas von mir erwarten. Manchmal ist es schwer, sich dabei nicht zu verlieren.

MORGANE MONCOMBLE

Selbstzweifel.

ANNA SAVAS

Das Dranbleiben. Wahrscheinlich gilt das aber für alle Dinge im Leben.

MEHWISH SOHAIL

Das Schreiben! (Okay, das sind zwei Wörter, aber pssst.)

ANNE PÄTZOLD

Mich kurzzuhalten. (Diese Antwort dient als Beweis.)

KIM NINA OCKER

EIGENE ENTWICKLUNG

Schreib! Schreib! Schreib! Lass dich nicht beirren, auch wenn ein paar Sachen vielleicht mal nicht ganz so glatt laufen. Bleib dran, auch wenn es mal schwierig wird. Bleib dran, auch wenn gerade alles doof ist. Bleib dran, auch wenn es sich so anfühlt, als würde dir die ganze Welt ein Bein stellen wollen. Deine Figuren brauchen dich! Deine Idee will erzählt werden! Lass dich nicht abhalten – nicht von schlechten Rezensionen, nicht von Zurückweisungen und schon gar nicht von irgendwelchen Selbstzweifeln.

»Sich mit anderen zu vergleichen und seine Bücher untereinander zu vergleichen bringt nichts! Beginn bei jedem Buch neu und lass es für sich allein stehen.«

BRITTAINY C. CHERRY

Du kannst das, du schaffst das – geh deinen eigenen Weg! Beschreit ihn in deinem eigenen Tempo, mal ihn in deinen Farben. Denn es ist dein Traum, und du musst dich in deinen Texten wiederfinden. Versuch daher, dich nicht mit anderen Autor:innen zu vergleichen. Schau nicht, wie viele Follower:innen andere auf Social Media haben. Lass dich von der Anzahl der positiven Rezensionen bei anderen Büchern nicht beirren. Miss dich nicht daran, wie viel Erfolg die anderen haben. Sich Inspiration von anderen zu holen ist völlig okay, nur lass dich nicht aus der Fassung bringen. Du bist gut genug, so wie du bist – und deine Geschichten sind es auch.

Auch unsere Autor:innen kennen dieses Problem nur zu gut und haben ein paar Tipps, wie man mit dem Drang, sich mit anderen zu vergleichen, umgehen kann:

Vergleichst du dich mit anderen Autor:innen?

APRIL DAWSON: Das tue ich öfter, als mir lieb ist. Es gibt viele Autor:innen, zu denen ich aufsehe, und das Bestreben, genauso erfolgreich zu sein wie sie, lässt mich manchmal unsicher werden. Diese Unsicherheit verfliegt aber schnell, wenn ich eins meiner Bücher zur Hand nehme. Dann wird mir klar, dass jede:r Autor:in mal klein angefangen hat und man an seinen Träumen dranbleiben muss.

YVY KAZI: Das ist ein typischer Fall für ein klares: Jain. Nicht in dem Sinne, dass ich ihre Instagram-Follower:innen oder Verlagsverträge zähle. Aber wenn ich Bücher lese und mir daran etwas besonders gut gefällt, versuche ich zu ergründen, was es ist. Die Länge der Kapitel? Der Humor der Protagonist:innen? Die Art der verwendeten Metaphern?

All die Dinge, die mir zwischen den Zeilen von anderen

Autor:innen besonders gut gefallen, versuche ich, im Hinterkopf zu behalten, um daraus zu lernen. Ganz allgemein glaube ich daran, dass jeder Mensch – und jeder Schreibstil – einzigartig ist und ein direkter Vergleich niemandem gerecht wird.

MORGANE MONCOMBLE: Die ganze Zeit, haha. Ich denke, das ist Teil des Jobs, vor allem wenn man unter einer Angststörung und/oder dem Hochstapler-Syndrom leidet. Ich vergleiche mich immer mit anderen, aber ich weiß, dass das schlecht und kontraproduktiv ist. Also, wenn ich mich jetzt dabei erwische, halte ich inne und sag mir selbst, dass jedes Buch und jede:r Autor:in anders ist. Der Erfolg und das Talent von anderen bedeutet nicht, dass ich weniger davon habe.

EVIE DUNMORE: Nein, aber ich vergleiche mich auch in anderen Sachen nicht mit anderen. Ich stecke sehr in meinem eigenen Kopf. Das ist auch okay, denn am Ende des Tages musst du dir als Künstler:in in erster Linie selbst gerecht werden. Ich bin jedoch sehr dankbar für Inspiration und schöne Sätze von anderen Schriftsteller:innen – gut geschriebene Bücher zu lesen hilft mir oft, meine Schreibblockaden zu überwinden. Und wenn mir die Arbeit von Autor:innen gefällt, überlege ich, warum sie mir so gut gefällt, und versuche, ihre Technik zu verstehen, um sie bei Bedarf selbst anzuwenden.

WORAN MISST MAN ERFOLG?

Erfolg zu definieren ist ein schwieriges Unterfangen. Jede:r Einzelne wird Erfolg individuell wahrnehmen, jede:r empfindet ihn anders. Und das gilt genauso für dein Schreibprojekt. Erfolg kann hier so vieles bedeuten.

Ist es der Augenblick, in dem du das letzte Wort tippst und deine Geschichte beendest? Schließlich hast du so lange darauf hingearbeitet, hast nächtelang gegrübelt, geplottet und geschrieben – und plötzlich ist aus deiner ersten Idee ein ganzes Manuskript geworden.

Hast du eine Agentur finden können? Oder hat ein Verlag Interesse an deiner Geschichte gezeigt? Als Selfpublisher:in konntest du endlich dein E-Book in die Onlineshops hochladen?

Vielleicht ist es auch der Moment, wenn du zum ersten Mal dein Buch in den Händen hältst? Denn das ist *deine* Geschichte, die nun zwischen Buchdeckeln schlummert und nur darauf wartet, gelesen zu werden. Es ist deine harte Arbeit, dein Name, der darauf steht. Wenn das alles nicht jede Menge Emotionen hervorruft, was dann?

Wie war es für dich, zum ersten Mal dein eigenes Buch in den Händen zu halten?

SARAH SPRINZ: Surreal – ich war hauptsächlich erleichtert, dass sich kein schlimmer Tippfehler oder Ähnliches auf den Umschlag verirrt hatte. Die Freude kam erst später mit den ersten positiven Leser:innenmeinungen, die mich überglücklich und dankbar gemacht haben.

APRIL DAWSON: Anfangs konnte ich es nicht wirklich glauben, sondern das Buch nur ansehen und an mich drücken. In diesem Moment war ich sprachlos (und glaub mir, das kommt nicht oft vor), und erst mit der Zeit wurde mir klar, dass *ich* diese Seiten gefüllt habe. Dass dieses Buch mein Werk war. Dann weinte ich, weil damit ein Traum für mich in Erfüllung gegangen war.

ANNA SAVAS: Unbeschreiblich. Es hat sich total surreal angefühlt, als könnte das gar nicht wahr sein, dass das tatsächlich mein Buch ist, weil es so wunderschön war (und immer noch ist).

MOUNIA JAYAWANTH: Sehr unwirklich. Als wäre die Person, die das Buch in den Händen hält, nicht ich, sondern jemand, der viel cooler ist als ich!

KIM NINA OCKER: Völlig surreal. Seit ich 15 Jahre alt war, wollte ich Autorin werden. Meinen Namen auf einem echten, gedruckten Buch zu sehen war total krass.

ANNE PÄTZOLD: Okay, Hand aufs Herz: Es war ein bisschen frustrierend. Warum? Na ja, ich habe es ausgepackt, in den Händen gehalten und – anders, als erwartet – nicht diese allumfassende Freude gespürt. Aus dem einfachen Grund, weil der Stress natürlich nicht einfach verpufft ist! Ich war so nervös, dass ich gar keinen Platz für die Freude hatte, und ganz lange hat es sich angefühlt, als würden alle sich mehr freuen als ich. Das war für eine ganze Zeit ziemlich anstrengend (O-Ton: *Was ist falsch mit mir? Wieso freue ich mich nicht???*), bis ich gemerkt habe, dass es okay ist. Nicht jede Person feiert Erfolge gleich. Und für mich ist die größte Freude in der Zeit zwischen dem letzten Lesen der Druckfahne und der Veröffentlichung: Alles ist geschafft, und jetzt entlasse ich die Geschichte in die Welt.

KARA ATKIN: Ich habe geweint. Für mich war es die Erfüllung eines lang ersehnten Traums, von dem ich niemals gedacht hätte, dass er wahr werden würde. Es war wunderschön, das Buch in meinen Händen zu halten und zu wissen, dass die Jahre der Tränen, Zweifel und Anstrengung nicht umsonst gewesen sind.

MORGANE MONCOMBLE: Verrückt. Aber gleichzeitig … konnte ich meinen Augen nicht trauen. Ich war irgendwie wie im Schock, nach dem Motto: »Okay, cool.« Auf dem Weg nach Hause habe ich es erst richtig realisiert, und dann kamen mir die Tränen.

EMMA SCOTT: Unglaublich. Und dieses Gefühl habe ich bei jedem meiner Bücher. Es vergeht nie oder nimmt ab, sondern erinnert mich jedes Mal daran, was ich alles erreicht habe. Es ist, als ob ich monatelange harte Arbeit in den Händen halte.

BRITTAINY C. CHERRY: Es war absolut unwirklich! Es war, als ob du dein Baby zum ersten Mal in den Händen hältst. Aus all dem Blut, dem Schweiß und den Tränen ist dieses Buch entstanden. Es war ein ganz besonderer Moment.

MEHWISH SOHAIL: Surreal, aber schön. Es macht Mut, zu sehen, dass man etwas beenden kann – dass man drangeblieben ist. Aber gleichzeitig ist es für mich immer noch unbegreiflich, dass diese Geschichte, die ich da in meinen Händen halte, einfach so aus meinem Kopf kam.

Lässt sich Erfolg an einem Platz auf der Bestsellerliste bemessen? Objektiv gesehen mag das vielleicht ein Faktor sein. Aber Plätze auf den Ranglisten sind meist schwer zu ergattern, und das aus den verschiedensten Gründen – manchmal muss man auch nur zur richtigen Zeit am richtigen Ort sein. Kletterst du auf eine Bestsellerliste, ist das ein wunderbares Erlebnis. Doch dein Buch ist so viel mehr wert als Verkaufszahlen oder ein Platz auf irgendeiner Liste. Entscheidend ist, dass das Schreiben dich erfüllt, dich glücklich macht, dir neue Erfahrungen beschert und du damit die Herzen der Leser:innen berührst.

»Denk nicht an Verkaufszahlen oder an Bestsellerlisten, sondern denk an die Menschen, die du mit deiner Geschichte erreichen möchtest.«

KARA ATKIN

Vielleicht kannst du nun zurückblicken auf den weiten Weg, den du zurückgelegt hast – was hast du unterwegs gelernt? Woran bist du gewachsen? Was hast du alles geschafft? Worauf bist du stolz?

Immerhin hast du dir einen Traum erfüllt, indem du deine Geschichte zu Ende erzählt hast. Und das wiederum bringt womöglich begeisterte Rezensionen hervor, die dein Herz zum Klopfen bringen. Vielleicht ist deine Geschichte zum Lieblingsbuch eine:r Leser:in geworden. Oder ein Treffen mit lieben Leser:innen hat dich inspiriert. Solche Momente (und noch so viele mehr) sind da draußen, und sie werden dich auf jeden Fall finden – und dir die Gewissheit geben, dass du ein:e wahrhaftige:r Autor:in bist. Und vergiss dabei nie: Auch wenn deine Geschichte noch nicht veröffentlicht ist, kannst du dich dennoch Autor:in nennen – denn ein:e Autor:in ist jede Person, die schreibt!

Wann war der Moment, als du wirklich realisiert hast, dass du Autor:in bist?

EMMA SCOTT: Ich glaube, es war, als eine sehr beliebte Bloggerin von einem meiner Romane geschwärmt hat. Ich konnte einfach nicht glauben, dass sie über *mein* Buch redet, weil sie auf ihrem Blog so viele Romance-Autor:innen bespricht – einige davon auf der Bestsellerliste. Der Moment, in dem ich auf den Link geklickt und ihre Rezension gesehen habe, wird für immer in meinem Gedächtnis und in meinem Herzen sein.

APRIL DAWSON: Sobald ich mit einer Lektorin zusammenarbeiten durfte. Bis dahin hatte ich nur die Kapitel schnell abgetippt und online gestellt, da meine Leser:innen auf Nachschub warteten. Doch erst während der Zusammenarbeit mit dem LYX-Team wurde mir bewusst, dass ich Teil eines großen Ganzen war. So wurde ich auf wunderbare Weise zu einer Autorin, die dabei war, ihr erstes Buch zu veröffentlichen.

BRITTAINY C. CHERRY: Als ich zu meiner allerersten Signierstunde gegangen bin. In diesem Moment wurde mir klar, dass ich tatsächlich meinen Traum lebe.

KIM NINA OCKER: Ich habe mir eine Video-Rezension auf YouTube angeguckt, und natürlich hat die Leserin den Titel des Buches und meinen Namen vorgelesen. Das klingt vielleicht komisch, aber die Vorstellung, dass diese völlig Fremde meinen Namen kennt, weil sie meine Geschichten gelesen hat, war total seltsam. Positiv seltsam!

SARAH SPRINZ: Als ich meinen ersten Verlagsvertrag unterschrieben habe – was in meinen Augen aber keine Voraussetzung dafür ist, sich Autor:in zu nennen. Jede schreibende Person ist Autor:in!

MORGANE MONCOMBLE: Ganz ehrlich? Erst jetzt, fünf Jahre später, als ich meine Jahresabrechnung erhalten und realisiert habe, dass ich vom Schreiben leben kann. Mein Traum ist wahr geworden.

YVY KAZI: Ich habe immer erwartet, dass es der Moment sein würde, wenn ich meinen ersten Verlagsvertrag unterschreibe – aber so war es nicht. So richtig realisiert habe ich es erst, als ich meinen Namen auf dem Cover von *The Dream Of Us* gesehen habe.

KARA ATKIN: Als ich mein erstes Printbuch in der Hand hielt und gedacht habe: *Wow, ich will nie wieder in meinem Leben irgendetwas anderes machen.*

ANABELLE STEHL: Das realisiere ich manchmal immer noch nicht. Witzigerweise habe ich es zum ersten Mal wirklich verstanden, als mein neuer Hausarzt mich nach meinem Beruf gefragt hat und ich, ohne nachzudenken, »Autorin« geantwortet habe.

Wie auch immer du jedoch Erfolg für dich definierst, lass dir nichts aufzwingen oder dir deine erreichten Ziele kleinreden. Wenn sich etwas gut anfühlt, dann ist es das auch. Es ist dein Traum, den du verfolgst – also mal ihn nach deinen Vorstellungen aus! Und vor allem: Lass dir keinesfalls den Spaß am Schreiben nehmen, denn das ist es, was zählt.

AN DEN SCHREIBTISCH, FERTIG, LOS!

Je länger du schreibst und je mehr Erfahrungen du sammelst, desto größer wird die Anzahl der Momente sein, die dein Herz erwärmen. Du bist jetzt hier, an diesem Punkt, an dem du dir deinen Traum erfüllen willst: Du willst Leser:innen in deine Welten mitnehmen, ihnen deine Geschichte erzählen und ihnen einfach eine schöne Zeit bereiten.

Du bist auf dem richtigen Weg – bist mit dem besten Schreibwerkzeug gewappnet, kennst dich mit dem Plotten aus und den Vorgaben zur Einreichung eines Manuskripts. Du weißt, wie es hinter den Kulissen eines Verlags aussieht, und brennst nun darauf, mit deinem Manuskript zu beginnen und das weiße Blatt, das dir vorher noch so viel Angst bereitet hat, mit Wörtern, Magie und Liebe zu füllen.

Zum Abschluss wollen wir als Ermutigung für dich noch mal unsere LYX-Autor:innen zu Wort kommen lassen, um dir all unsere positive Energie mit auf den Weg zu geben und dich zu inspirieren, deinen Traum vom Schreiben in die Tat umzusetzen. Nur Mut, schreib deine eigene Geschichte!

Was ist für dich das Schönste daran, Autor:in zu sein?

SARAH SPRINZ: Menschen für einige Lesestunden eine Auszeit aus ihrem Alltag zu ermöglichen und an meinen Gedanken teilhaben zu lassen.

KIM NINA OCKER: Ich habe mein Hobby zum Beruf gemacht. Ich liebe meine Arbeit und ich weiß, dass ich damit wahnsinniges Glück habe.

EMMA SCOTT: Der Kontakt mit Leser:innen und dass ich meine Stimme dazu verwenden kann, um der Welt das zu sagen, was ich unbedingt loswerden muss.

BRITTAINY C. CHERRY: Dass man nie dieselbe Geschichte schreibt! Es gibt immer eine neue Welt zu erkunden, kennenzulernen und zu entdecken. Ich liebe es, dass für mich und meine Charaktere jeder Tag anders ist.

APRIL DAWSON: Die Möglichkeit, mit meinen Büchern Leser:innen zu berühren und sie in meine Welt eintauchen zu lassen.

BIANCA IOSIVONI: Die Geschichten, die mich begeistern und berühren, mit anderen teilen zu können und eine Auszeit vom Alltag zu schaffen.

LAURA KNEIDL: Ganz einfach: Das Erzählen von Geschichten.

MOUNIA JAYAWANTH: Dass ich das tun kann, wofür ich lebe: das Schreiben!

YVY KAZI: Leser:innen mit meinen Geschichten eine Auszeit vom Alltag zu bieten und gleichzeitig die Möglichkeit zu haben, in unzählige verschiedene Leben hineinzuschnuppern, während ich meine Charaktere auf ihren Reisen begleite.

MORGANE MONCOMBLE: Das, was ich am meisten liebe, zum Beruf gemacht zu haben. Mich für die Dinge einsetzen zu können, die mir wichtig sind. Und natürlich die wundervollen Leute, die ich dabei treffe.

EVIE DUNMORE: Meine Lebenszeit auf das verwenden zu können, wozu ich mich berufen fühle.

ANNE PÄTZOLD: Coverentwürfe, Plotting-Sessions, Titelvorschläge. Die vielen Menschen, die ich dadurch kennengelernt habe. Aber auch die Freiheit, die es für mich mit sich bringt. Dass ich alles, was in meinem Kopf herumschwirrt, in Dialogen, Monologen und einzelnen Szenen unterbringen oder verarbeiten kann. Zu sehen, wie aus nichts eine Idee wird und daraus eine Geschichte, die sich mit jedem Lektoratsdurchgang mehr zusammenfügt. Und die Tatsache, dass es Leser:innen gibt, die sich durch meine aufgeschriebenen Gedanken verstanden und zwischen den Seiten vielleicht ein bisschen aufgehoben fühlen.

KARA ATKIN: Zu wissen, dass es Menschen gibt, deren Herz ich mit meinen Büchern berühren kann.

MEHWISH SOHAIL: Dass es mich auf verschiedenen Ebenen herausfordert, vor allem in Hinblick auf meine eigenen Werte und Vorstellungen.

ANNA SAVAS: Zu lesen oder zu hören, dass meine Geschichten Leser:innen berühren, dass sie sich in und mit meinen Figuren verlieben. Aber eigentlich ist das Schreiben selbst das Schönste: neue Figuren zu entwickeln, mich selbst herauszufordern und in meinen Geschichten zu versinken und die Welt um mich herum zu vergessen.

SCHLAGWORTVERZEICHNIS

QUELLEN- UND LITERATURVERZEICHNIS

Artemishelps (2013): »3 acts : 9 blocks : 27 chapters«, *tumblr*; https://artemishelps.tumblr.com/post/63963250066/a-visual-of-katytastics-3-acts-9-blocks-27 [19.11.2021]

Behrend, Francis (2020): »Plotting-Techniken #1: Die Drei-Akt-Struktur«, *Schreibnacht-Magazin*; https://magazin.schreibnacht.de/plotting-techniken-1-die-drei-akt-struktur [19.11.2021]

Campell, Joseph (2011): *Der Heros in tausend Gestalten*, Insel Verlag, Berlin.

Frey, James N. (1993): *Wie man einen verdammt guten Roman schreibt*, Emons Verlag, Köln.

Johanus, Marcus (2019): »Wie Sie schnell und einfach einen Pitch schreiben«, *marcusjohanus.com*; https://marcusjohanus.com/2019/05/19/wie-sie-schnell-und-einfach-einen-pitch-schreiben [19.11.2021]

Jurk, Jurenka (2017): »Pitch schreiben – So verkaufst du deinen Roman!«, *Schreiben und Leben*; https://schreiben-und-leben.de/der-pitch-roman [19.11.2021]

Kinateder, Birgit (2012): »Klassische Erzählformen«, *Bayerischer Rundfunk Online*; https://www.br-online.de/jugend/izi/deutsch/publikation/televizion/25-2012-2/Kinateder-Klassische_Erzaehlformen.pdf [19.11.2021]

Röhring, Hans-Helmut (2008): *Wie ein Buch entsteht – Einführung in den modernen Buchverlag*, Primus Verlag, Darmstadt.

Stein, Sol (2015/2020): *Über das Schreiben*, Autorenhaus Verlag, Berlin.

Uhrig, Klaus (2015): »Die Heldenreise: Typologie einer Erzählung«, *Bayerischer Rundfunk Online*, 2015; https://www.br.de/radio/bayern2/sendungen/radiowissen/star-wars-heldenreise100.html [19.11.2021]

»The Seven-Point Story Structure: From Idea to Plot in 5 Steps«, *reedsyblog*, 2021; https://blog.reedsy.com/guide/story-structure/seven-point-story-structure [19.11.2021]

Springhole.net; https://www.springhole.net [19.11.2021]

Writing Excercises; https://writingexercises.co.uk [19.11.2021]